明公啟示錄

范明公易經朗講①

——從孔子易傳到人生哲學與智慧

范明公　著

【作者序】

學易，學以聖人之眼看世界

通易的聖人，必能看出世間每個事物都是宇宙整體中的一部分，且一切都有其屬性，皆能與五行相對應。而五行相生或相剋的互動，會在事物之間建構出一種緊密關係，當你擁有了「聖人的眼光」，就算是「路邊看見一條狗」這樣稀鬆平常的事，也能憑藉事物間的關聯，進而聯想到自己的感情、家庭、事業，或是任何心中存疑之事。如同偶然中的必然，你心中所有的疑惑，一定在某種程度上與這條狗有所聯繫。這種在萬物間流轉自如、密不可分的聯繫，就是這本書要帶領大家進一步起修的關鍵。

學易要打好基礎。首先要起修的，是「以通神明之德」。

修習中華的智慧，無論是儒、釋、道還是中醫，一定得學會通靈、通神，才叫學到真功夫。而「以通神明之德」，即是「開天眼」，當天眼睜開後，才能見到神明、與之溝通，這是第一步。

至於該如何做才能夠「通神明之德」呢？那就得「有緣」，必須要有珍貴的機緣，遇到明師來點化、教授，為我們打開天眼，才可以和神明溝通。除此之外，必先「知天知地」，將天地定位，然後才可以用「以類萬物之情」把萬物融合成一個整體。

接著，要修習的是「以類萬物之情」，也就是將宇宙中看似紛繁、複雜且互不相關的萬事萬物，用八卦的概念劃分成八類的技巧。懂得如何分類，就能夠用更有智慧的眼光觀照萬物，只消一眼，便能知曉它的屬性，以及深藏在其中的五行生剋、消長轉化。「以類萬物之情」靠的是通曉「數」和「理」，因為天地萬物的運行都在數中，不是混亂的，可以經過運算得知。而在運算之前，最重要的就是「分類」。

在學易之前，萬事萬物在我們眼中都如碎片一般，每一個零散的部件都是互不相關的獨立存在。天上飄浮的一朵白雲、窗外那棵高聳的大樹，以及專注凝視這一切的「我」之間，必定存在緊密的聯繫。若是不學易，就絕對無法參透，只能把眼前所見視為單純的景致——我只是我，雲只是雲，而樹也僅僅只是一棵樹而已。用片斷的思維模式，無法「以類萬物之情」，山川大海、日月星辰、飛禽走獸……舉目所見全是碎片，掌握不了宇宙中萬事萬物運

行的規律，無法將之視為整體，就無法將這個世界按照規則、標準來進行「有序化」，更無法看出萬物奧妙與我們人生、家國命運間的關聯。

本書自易的起源開始談起，先帶領讀者初步認知易所建構出的龐大智慧體系，接著再談「數」與「理」、占卜法、學易應備的態度、易學的實用、易與現代科學的關係，最後再談孔子解讀《易經》的經典──〈說卦傳〉。

聖人惜字如金，經典之所以成為經典，正是因為其中的每一個用字遣詞必定經過再三斟酌，沒有一個冗言贅字，字字恰到好處。將經典透澈理解也遠遠不夠，還需要在現實中馬上起用。

得遇明師，靠的是機緣，於此與各位讀者以文字相會，也是緣分！易學博大精深，不是一蹴可幾的功夫，雖說本書說的仍是「普傳」的概念，但旨在確切地傳達易學之妙、易學之實用、易學之不朽。望以此書作為敲門磚，讓更多仍在門外徘徊的人，能夠踏出入門的第一步，讓易成為通達中華文化之妙的無上智慧。

【作者序】 學易，學以聖人之眼看世界

第一章
易的起源

什麼是「易」？易是從哪裡來的？

為什麼易學在中華文化系統裡占有舉足輕重的地位？

易學中的「以通神明之德」及「以類萬物之情」，各指什麼？

身為凡夫俗子的我們又能從易學中學到什麼？知道些什麼呢？

或許，透過深入淺出的講解，

就能掌握《易經》為何能成為中國五經之首的原因吧！

第一節 易，博大精深！

中國人骨子裡對「易」特別感興趣，這裡只能淺淺地，把一些關於「易」的基礎內容，來給大家講一講，結個緣。

☯易學的內容及結構

易學有《易經》和《易傳》兩大結構。

《易經》是由八卦而來，據說是中華民族的上古聖人伏羲始創的。關於這一點，其實聖人孔子在《周易·繫辭傳》裡有很清楚的描述：

古者庖犧氏之王天下也。仰則觀象於天，俯則觀法於地，觀鳥獸之文與地之宜，近取諸身，遠取諸物，於是始作八卦，以通神明之德，以類萬物之情。

可見「易」從八卦起源，而伏羲，也就是庖犧，他所創的八卦是八個揭示宇宙最本源規律的符號。伏羲創八卦有兩個目的，一個是「以通神明之德」，另一個則是「以類萬物之情」。

首先說「以通神明之德」。神明在哪裡？神明就在幽冥處，在天上，以通神明之德，即是「知天知地」。天，仰則觀象於天，通靈開天眼，知天知地這是第一。

接著，所謂「以類萬物之情」，即是「掌握宇宙自然的陰陽運行規律」。身為人，要掌握宇宙中一切自然規律，也要掌握自己的命運，更要知道如何運籌帷幄、成就某事。因此，在做事之前，就希望能洞悉結果，以及知曉事件進行的過程中會有何種發展與變化。但，身為凡夫俗子的我們真的能知道嗎？又憑什麼本事能知道呢？為此，「學易」一事就變得十分重要。

☯易通了，一切都通了

「易」主要揭示的就是萬事萬物的運行規律、宇宙的本質，以及宇宙的來源。中華先聖們即是透過易來告訴後人，宇宙的萬事萬物是如何演化而來的。從陰陽、三才、四象、五行、六合、七星、八卦到九宮，不斷地演化，展示出宇宙如何從無極生太極，再由太極生出兩儀，而兩儀又會在何種規律作用下，生成四象和五行，接著演化成八卦，直到最後萬事萬物成形。

所以，易學是中華文明、文化智慧的根！要研究國學、傳統文化、先祖智慧，舉凡琴、棋、書、畫、茶、山（註1）、醫、命、相、卜、兵、儒、法，乃至治國之道

*註1：「山、醫、命、相、卜」即中國「五術」，為探究《易經》而經長期實踐、運用所總結出來的思想與方法。所謂「山」就是指修道、修練、養生、氣功等，在山中修養和鍛鍊身心之術，即透過食餌、築基、玄典、拳法、符咒等方法來修練「肉體」與「精神」，以達到身心強健、人生圓滿的一種學問。亦有人將「山」以「仙」釋義。

等，如果不研究易，或者不通達易，就無法將其中任何一者研究通透。正所謂「一通百通」，這裡的「一」其實就指的是「易」，易不通百不通，易通了一切都通了。中華歷史上所有的功成名就者，不管在哪方面，或多或少都通「易」。不通「易」而在中華歷史上能有所作為者，也只是曇花一現。不通「易」就不通「道」，不通「道」就不知「德」，做事就沒有方向。就算自認聰明、優秀又有能力，一旦學易、起用的方向錯了，搞不好就會替人類、國家、民族帶來大災難，自己則會修成魔。

學習中華的智慧，一再強調要「通道」，而道便從易中來，可見「易」太重要、太博大了，涉及到萬事萬物的各個層面。

易學人生金句

「易」主要揭示的就是萬事萬物的運行規律、宇宙的本質，以及宇宙的來源。

第二節　找到我們的神明！

中華文明的精髓和大智慧，就表現在「以通神明之德」和「以類萬物之情」兩方面，但兩者現在基本上都已經失傳了，尤其是「以通神明之德」。

☯物理學無法說明全部事物的發展

當今研究的中華文化精髓，如易學、儒學、道學、佛學等學問，其實都停留在「以類萬物之情」的層面上，即是「研究規律」。但是，若是不先「通神明之德」，上不通天，天都找不著，研究規律也就研究不出什麼了。

就如現代的物理學，是從古典物理學發展而來，其主張的重點，主要是以牛頓為代表的宏觀物理學，研究物體運行的規律，這就叫「以類萬物之情」。但是到了二十世紀初，宏觀物理學就碰到了極大的瓶頸，發展不了，為什麼？因為宏觀的事物運行，其規律只是表面的、表層的，當中其實還有更深刻、更本質的東西，但以現行的物理科學卻無法掌握。在基礎科學無法突破的狀況下，應用科學也就不能繼續往前發展了。到了二十世紀後期，以愛因斯坦為代表，開創了量子物理學，也就是微觀物理學。研究微觀時，粒子小於分子結構，到了原子結構再往下去研究、觀察，會發現宏觀物理學的運行規律並不適用，說明

了事物愈接近本質也就愈顛覆我們的認知。

通神明之德才知「道」

中華的先祖一再強調要「通神明之德」，通神明了才有德，這是第一位。通神明叫「道」，道作用於人間，那就是「德」。沒有道哪有德？唯有對道有深刻且透澈的認知，才明白如何能運用它來成事，這叫「德」。研究「以類萬物之情」的時候，同時就把萬事萬物劃分、分類，提升至「情」的層次。本質的東西都存在於道與德，道與德則是從觀察「微觀處」來，而微觀處即是透過我們的眼、耳、鼻、舌、身等五識，根本感受不到的那個所在。

所謂的「通神明」，不是說天上有個神仙在那，人就要跟神仙溝通，那是迷信！確實有靈，但是不僅僅是字面的意思。神明之德，就是先聖們在告訴我們，神明在幽冥處——也就是人類的眼睛看不見、耳朵聽不到、感官感受不到的所在。就像量子中最基本的粒子，目不可見、無法

易學人生金句

通神明叫「道」，道作用於人間，那就是「德」。

感知，但卻真實存在。而且，它不僅存在，甚至還是宏觀物體的本質以及根源，是一切的緣起。

☯由道而生德，才有仁、義、禮、智、信

「易」所呈現的不是宏觀的運行規律，也不是常人眼中所見、耳所聽所聞、身體所能感受的世界。易所揭示的就是如何「通神明之德」。

道是什麼？宇宙自然按照什麼規律運行？它的本質與根源是什麼？然後由道而生德，由德而有仁、義，有仁、義而有智，有智以後才有信，從道、德、仁、義、禮、智，直到信，一步步地，由本質向外延伸出一切。它說明了宇宙運行的本質與根源從何而來、如何運行，並揭示其中規律。所以，如果不通神明，就不懂道；不曉得道的運行規律，就無從掌握世間宏觀的運行規律。

第三節　中華文明之根

　　中華的文明，可以用一個「易」字概括。中華文明就是一套易學，這是總根，也叫「總綱」。它始於伏羲所創的八卦，而八卦就是易的起源。將八卦的八個符號逐一分解，就能無窮無盡地延伸。

☯萬事萬物皆起自於陰陽

　　萬事萬物都從八卦的八個基本符號而來，而這八個符號是從陰、陽兩個符號化生的。一個陰，一個陽，就是所謂「萬事萬物皆起自於陰陽」。八卦揭示了陰陽的變化、運轉與軌跡，這些是有規律的。透過易，就能了解萬事萬物運行的緣起，並按照它的規律去變化與掌握。

　　中華歷史數千年來都不斷地運用著易，而中華的先聖們都會用八卦。

　　如用文字標注八卦含義的周文王，他被關在羑里城監獄的七年中，只做了一件事——演八卦。他將八卦不斷地演化，就成了六十四卦，也叫「六十四卦象」。這六十四卦象包含了整個萬有宇宙，它形成了一個圓。由八卦緣起，演化成六十四卦，就已經不需要再往下演化了！因為，演化到六十四卦，基本上就能把整個宇宙，包括時間、空間的運行規律、運行軌跡都模擬出來。

為什麼僅用幾個符號就能類比一切？要知道，這幾個符號代表的含義非同小可！這裡顯示了宇宙的來源，是從最基本的陰、陽兩種粒子為開端，透過五行的五種力不斷地排列組合和作用，涵蓋了時間和空間的概念，就形成了有形的萬事萬物，全部都按照宇宙的規律在演化。在這萬事萬物中，有人類、飛禽走獸、花草樹木、日月星辰等事物在運行，各有軌跡和規律。聖人掌握了這一套規律後，用最簡潔的、人人都能看得懂的符號來傳遞這些訊息。這就是中華文明的來源，也是中華文明之根。

☯懂易才能破除窒礙，看透一切

你或許會問，八卦有八個符號，演化出六十四卦、六十四個符號，它怎麼能說明宇宙運行的規律和本質都在其中呢？宇宙萬有各有各的規律，紛繁複雜，它們怎麼能有統一的規律呢？太陽有太陽的運轉規律，人、動物、花草等，各自都有獨特的運行規律和軌跡。

易學人生金句

八卦揭示了陰陽的變化、運轉與軌跡，這些是有規律的。

但是，真的僅此而已嗎？

常人總是如此——講求眼見為憑、耳聞為據，就只相信自己的感知。

要知道，人類感知這個世界，僅能看到它的表面而已。世界是一個立體，具有整體性。人的肉眼是「有礙之眼」，礙，也就是「窒礙」。如果有一層障蔽遮擋了視線，那我們就無法順利看清事物，這被窒礙的眼睛叫「肉眼」。人類的耳朵也是，只能聽到一定距離內傳到耳朵的空氣振動波，其他如超聲波、次聲波則根本聽不見。所以人的肉身擁有的是「有礙之眼」、「有礙之耳」、「有礙之感受」，所認知到的宇宙是最表面的，這是人眼的局限性，也就是人的五識、五官、五根的局限性。要是我們看不見、看不透宇宙自然的真相，又該如何得知宇宙的本質與運行的規律呢？要看透這一切是個學問，更是智慧。

那麼，要怎麼看透呢？難道《易經》透過八個符號，從陰陽按五行延伸出八卦，再延伸出六十四卦，就代表宇宙自然的萬事萬有了？答案是——是的！你可能覺得不可思議，但確實如此。

☯電腦二進位與陰陽關係

電腦中的虛擬世界是怎麼來的呢？先說電腦是由軟體

和硬體組成，而軟體主要由程式組成，其中有一個底層的最基本程式——也就是由外國科學家發現的「二進位」，虛擬世界即以此為始。二進位就是從《易經》中的八卦排列以及陰陽轉化的概念而來，可說易是二進位的開始。

　　陰與陽若以西方的數學來表示，就是0和1。0是陰，1是陽，如此0、1、0、1不斷地排列組合。而底層的程式，就是按照這樣的模式，一生二，二生三，三生萬物，由無極生太極、太極生兩儀、兩儀生四象、四象生八卦再往後延伸，不斷地排列組合設計出來的。電腦虛擬世界的基本宇宙結構出現後，接著再不停演化，整個龐大的虛擬世界就在電腦中出現了。

　　我們所玩的遊戲，是一個個虛擬世界，在由陰、陽，即是0、1二進位的基本概念下，不斷地演化與發展，就形成了一個電腦的心理世界。回想看看現在所處的世界，是不是類似於電腦當中的虛擬世界呢？在電腦的虛擬世界裡，有其所創造的宇宙及運行規律，而製造電腦裡面虛擬

易學人生金句

能看透宇宙自然的真相，得知宇宙的本質與運行的規律是個學問，更是智慧。

世界運行規律的人，就能掌握底層軟體的運行規律。

學習掌握易，改變虛擬世界

　　如果想要改變電腦的虛擬世界，只要學習掌握電腦軟體的程式設計，並且將其規律為我所用，就可以知道如何往回推演。當我們找到那最底層的軟體程式，知道其中的排列內容，就能去改變它，進而左右虛擬世界的運行。

　　這就是為什麼人要學習掌握「易」。我們所在的現實世界，其實就是個假象，是一個虛擬的世界，它是按照一定的規則建立起來的，而這個規則中最底層的組成、最本質的東西就是陰陽。陰陽如同電腦當中的0和1，它不斷地排列組合，導致了世間萬有的出現，當然也包括人！

易學人生金句

透過易，就能了解萬事萬物運行的緣起，並按照它的規律去變化與掌握。

第四節　知天知地的占卜

　　易從出現的那天起，目的就是占卜。當時還沒有哲學上的易，它不是要揭示規律，只是單純地用於占卜。之所以占卜，是為了指導我們做事的方向，也就是說，要想做成一件事，除了要知天，也要知地。

☯天文曆法是知天知地的第一步

　　知天知地又是什麼意思呢？一開始古人用易來做什麼呢？首先是要「通天」。通天不是指跟神明溝通，此處的「天」指的是「天文」。因為古人受制於天地，若是想生存，必須掌握天地的運行規律。掌握了天地運行規律的民族、氏族才能生存，而這天地運行規律就是天文和地理，也就是日月運行的軌跡，包括天上那些主要的行星、恆星，它們運行的軌跡我們都得掌握。掌握了天文，就有了曆法，而曆法就能指導人類開展最基本的生產和生活。

　　算出天文曆法是第一位，算的是太陽和月亮的運行，包括五大行星、各大恆星的位置和變更。之所以要知道這些，是因為晝夜、四季的更替規律，直接影響著人類的生產和生活。假如現在已經到年底了，古人就開始推算，明年開年怎麼樣？夏季怎麼樣？秋季怎麼樣？冬季怎麼樣？古人甚至能算出五大行星的運行軌跡、日月的運行狀態，

推測何時會有日蝕、月蝕。天文曆法是非常有用的，可惜現代人都不當一回事了，不但不重視這些，就連明年會發生什麼情況？天地會有什麼樣的變化？這些我們都不知道。現在人類的科技水準好像很高，但是在大自然的面前，我們依舊一無所知。比如說今年的新冠肺炎疫情，無人能預測，更別說中國今年是否會遭逢水患？冬季何時會有寒潮爆發？來年春季是否準時來臨？夏季是否會特別炎熱？秋季是否會有早寒或早霜？以上種種問題，一概不知，皆無人能預測。

現在的科技是透過衛星等儀器，觀察雲層的變化，然後用天文望遠鏡去觀察行星的運行軌跡，它運行到何處，那時就會有日蝕或月蝕，一切全憑觀察。但是，能觀察多長時間、多大範圍呢？能觀察到哪裡會有寒潮爆發嗎？能觀察到何處會有大洪水嗎？未來的疫情如何發展，能透過各種科學儀器得知嗎？我們現在什麼無法預測，只知道狀況發生後要趕快應對，而古代曆法它的神奇之處便在於「年年有測算」，甚至一次可以預測一個甲子年，六十年當中哪一年會發生什麼變化，都能夠測出來。諸多實例在史書裡面都有記載，在現代則實屬罕見了！現在你要是來測算、預測這一塊，旁人會覺得你不正常，說你是迷信。但是看看我們的古書中關於古代天文曆法的紀錄，都太令人震驚了！但是這些東西如今都失傳了。

☯善用易來測事物的發展結果

我們透過肉眼來觀察天上的星星，抬頭一看，天上星星密密麻麻，哪顆星是行星？哪個星是恆星？它應該在哪個位置？我們什麼都不知道。但是古人就分得出來，哪顆星運行到哪個軌跡、哪個方位？狂風、洪水、乾旱或是四季變換，什麼時候會出什麼樣的問題？這些全部都能提前測算。古人掌握了曆法，如同掌握了一切，豈不神通？反觀，現代人才是真的蠢，竟然沒有懂曆法的人了！

自夏、商、周三代至唐，都有專門掌管天象、天文的官職。唐朝的李淳風任職於當時的「太史局」，也就是掌管天文與曆法的機構，他不僅測算天文，還能測算地理。測算地理就是要算出什麼時候有地震、洪水？何時大地要開始翻轉？不僅要知道四季與日月星辰的變化，還要知道天與地的相應，天一動就能算出地會怎麼隨之而動，根據天地就能算出人心的變化、人間將發生的事情，如此一來就能提前做好準備。現在還有這個官職嗎？有此長才的人都被打倒了、被當成妖了！就算會，最多也只敢含糊其辭地說，沒有人敢真的顯露出來。

明年會發生什麼事？後年會發生什麼事？要是說準了、出名了，就沒人容得了你。你看那些有特異功能、有神通的人，哪個有好下場？自夏、商、周三代至唐，這種神人比比皆是，當時「測算天地」是一門學科。天文、地

理、人事，都是有規律、能預測的，那規律其實就是「易」。現在我們用易來測事物的發展結果，都被當成算卦的，與算命仙扯到一起去了，真是太小看易了。真正通易的人，一定得通天文、地理，然後才是人事。天地算不準，人事就一定算不準！能先把天文與地理算準，接著再算人，這才是實實在在地掌握「客觀運行規律」這一門落地的學問，它絕對不是迷信，也絕對不是也許、可能、大概、差不多的結果。

歷朝皇帝每到年底，都要求掌管天文與曆法的官員將明年一整年的天象、地理及四季變更測算出來，並對國家的農業政策、糧食政策提出詳細的指導內容。只要算不準，等待他們的下場就是殺頭的欺君之罪！歷朝歷代神奇的事何其多，只是不讓民間知道那麼詳細而已。

◑以史鑑今的故事比比皆是

正史中就有記載，劉邦——泗水亭的一個小亭長，後來居然推翻了秦，登上皇位，成為「真龍天子」。呂后和她爹特地到沛縣去找劉邦這位真龍天子，當時父女倆變賣全數家產，直奔沛縣，因為他們知道真龍天子在那裡。最後終於讓呂后找著了，嫁給了劉邦，當時劉邦還只是一個

小亭長。當年秦始皇六次南巡，從咸陽驅車往東方和南方走，對天下說是巡視他的領土、疆域，那他怎麼不往西去呢？怎麼不往北去呢？要知道，他六次巡視全都在沛縣周圍，因為他透過天象，觀察到那一帶將出現真龍天子，要壓他秦始王的龍氣、滅他的子孫與國家。所以他六次都往那裡去，就是要壓制那個將出世的真龍天子的氣，結果功力差了點，只能在沛縣周圍打轉。據說由於秦始皇實在找不到真龍天子，就只好在沛縣附近立了一個「降龍碑」以壓制伺機而動的龍氣。那個立碑的地方離劉邦出身的泗水亭不到一百公里，但是失之毫釐，差以千里，沒壓住，劉邦最終還是把秦給滅了。

　　還有袁天罡、李淳風。唐太宗當年問這兩位官員：「我大唐會斷送在誰的手裡？大唐的子孫有沒有災殃？」兩人回說：「有，將斷送在一個姓武的人手裡。」於是唐太宗就開始屠殺全國的武姓，這都是有歷史記載的。後來出現了武則天，讓唐太宗喜歡得不得了，心想：「這小女子怎麼能篡我的王朝、殺我的子孫呢？不可能！」於是心一軟讓她出家為尼，想著出了紅塵，她怎麼可能還能當皇帝呢？不可能了。結果唐太宗一死，被太子接回的武則天，便開始著手篡位，並殺害李氏的子孫。以上這些例證，都

是由人確實測算出來的，歷史上真有其事，中華歷史中有太多這樣的神人了。

用易學預知是改變的第一步

為什麼要學易？有人不想當袁天罡、李淳風、張良這樣的人，就想過個小日子，將我的小企業經營得好一點，也不想學那麼深的東西。但是，就算只想掌握自己的命運，又能根據什麼來掌握呢？我們每一個人，都以為只能隨順著天地、隨順著命運來過，就像疫情來之前我們不知道以後該往哪躲，最後大不了原地等死——這叫「順」嗎？真正「順」的人，事先就知道將發生什麼，提前就安排好能避開災禍的地方，先避難去了。否則等到事情發生了再跑，來得及嗎？

所以為什麼中華的易學能預測精準到這種程度？能把天文與大地的變化精確地算出，甚至就連最難測的人心也能夠如實掌握？因為它有規律。就像電腦一樣，宇宙萬有的運行是有規律的，你掌握了那個規律，知道如何進入底

易學人生金句

之所以占卜，是為了指導我們做事的方向，也就是說，要想做成一件事，除了要知天，也要知地。

層設計，就能去改變它、掌控它，而不僅僅是預知而已。預知只是改變的第一步，最終掌握了易，我們就能掌握自己的命運。

第五節　中華聖人的萬經之首

要想掌握易，可不容易也不簡單！

在秦的時候《易經》還只是占卜之書，所以秦始皇焚書坑儒時並沒將《易經》焚毀。當時世人尚未將《易經》視為儒學的經典，而《易經》真正成為儒學經典，則是在漢以後了。

🌀易是八卦的演化

在孔子以後，《易經》才能稱之為經，在這之前都不能，因為它沒有成冊，是孔子使其成冊，然後編著而為經。孔子把易編撰成經，為了讓後人能夠更加深刻地解讀、領悟易的含義，同時他又做了《易傳》，所以《易經》和《易傳》，最終都是在孔子手中彙集而成。孔子讓《易經》從一個純粹的占卜之書，最終上升到了哲學的高度，成為了萬經之首。

中華的歷史上，有智慧的人，都一定會研究易。沒有不通易的聖人，包含黃帝、堯、舜、大禹、商湯、周文王、周武王、孔子⋯⋯哪有不通易的？

從孔子一直到現在，就沒有聖人了，孔子就是最後一個聖人。

易是八卦的演化，而《易經》是對易學文字的解釋和說明。

伏羲創造了八卦的八個符號，揭示了其奧妙的含義。

伏羲創八卦緣起於河圖洛書，八卦揭示的是河圖洛書所展現的宇宙運行最基本的本質以及規律。所以，學易要從源頭——河圖洛書學起，接著再學八卦的含義，再往後就是學習六十四卦的演化。周文王所演的六十四卦，每一卦都配上了卦辭，每一卦裡都有「六爻」。六爻由六個陰陽符號組成，每一個爻又各有一爻辭。爻辭是周文王的兒子——周公旦所彙整的，總共有三百八十四個。

☯卦辭和爻辭為上古流傳下來的文明

卦辭和爻辭能通神明之德，能類萬物之情，前者說的是本質，後者則是規律。

「通神明之德」涉及到道和德，也就是本質——萬事萬物的本質是什麼？

「類萬物之情」則是萬物運行的規律，包含了從開始、發展，到最終結果的整個過程。

那卦辭和爻辭又是怎麼來的？它們怎麼能通神明之德？怎麼能類萬物之情？怎麼找？這卦辭、爻辭是周文王和周公旦自己對卦的理解嗎？不是的，這一點非常明確。

卦辭是商代以及商代以前的古人用八卦來演化、占卜的時候，所留下來的卜辭。卦辭、爻辭不是周文王和周公旦所獨創，而是他們收集而來的。

《易傳》由孔子所編撰，內容包括爻辭，是有邏輯性的彙集、整理，而不是某人獨力發想的。所以《易經》中的卦辭和爻辭，就和《黃帝內經》、《道德經》、《山海經》、《尚書》、《禮記》這一類經典的內容一樣，全都是上古文明留下來的經典語錄，而不是誰創造的，這個一定要搞清楚。為了讓大家都能看懂《易經》，孔子因此而作傳，也就是《易傳》，他寫了十篇文章，專門來介紹《易經》，而且將它上升到了哲學的高度，所以從孔子以後，《易經》才成了萬經之首。

孔子將易所揭示的規律彙整並總結出來，並且讓我們一直沿用到現在。其中包含中華文化對宇宙自然基本運行規律的掌握，如陰陽的五大定律、物極必反等內容，中華民族一直運用到現在，也都認同這些宇宙自然的規律。孔

易學人生金句

卦辭和爻辭能通神明之德，能類萬物之情。

子透過對易的解讀、領悟所留下來的大智慧，其實我們一直在用著，只是百姓日用而不知，因為它早已融入中華民族的骨髓裡。

第一章　易的起源

第六節　數、理、象、占

易有個四字訣，也是學易的方向：第一是「數」，第二是「理」，第三是「象」，第四是「占」。

☯「易」與「數」之間的關係

易從「數」開始學，數是「數字」的「數」。為什麼從數開始學呢？因為易所揭示的是宇宙萬物從初有、發展以至終結，這過程中整體的規律與運行的趨勢。所以易就是一種數字的演化、演算，不是迷信。仰賴神靈庇佑、靠占卜給出一個結果，那可不是易！

真正的易叫「籌策」，是需要算出來的。易是一套透過籌策的工具和演算法而形成的體系，需要將「數」學好，不是光憑運氣、打坐、念佛號或是背咒語就能通達的。這個「數」算的是什麼呢？「數」裡面包含陰陽、三才、四象、五行、八卦、天干、地支、納甲、納音、子午流注等；任何一件事情從起始到發展，要將其中的時間、空間等各方面的因素、要素都納入一套精密而立體的演算法。所以說學易要從「數」開始學。

正所謂「運籌帷幄之中，決勝千里之外」，運籌就是「運算籌策」，我身處中軍大帳之中，經過精密的運算籌策，才能決勝於千里之外。用兵打仗均從此理，古之用兵

者沒有不通易的！可能不會武功，可能舉不起千斤頂，但是古之將帥都要通易。不通易，怎麼去領導千軍萬馬？如何去打仗？如果算不準天時，可能眼前所見的景象像是剛入秋，沒想到發兵啟程後沒多久，都還沒到達目的地，就遭逢大雪紛飛、冬季早至。如此一來，整個軍隊都會受困於冰天雪地之中，出師不利！又或者本來覺得應該到了河流的枯水期，準備啟程行軍，結果突然發生洪水氾濫，將軍隊和馬匹全部沖走了，還打什麼仗？歷史上有許多這樣的案例。這上不知天文，下不曉地理，中又不通人事，又該如何率領千軍萬馬去打仗呢？

所以我們要先明白，易學其實是一套完整、立體、精確的運算體系。

☯學習這套有系統的運算體系

古人必須通易，都要專門地、系統地學這套運算體系。易是種演算法，現代人卻都不懂得如何去運算了！現在的人學的「數學」和古人學的「數」，兩者並不相同。古代儒學裡有六藝：禮、樂、射、御、書、數，其中「數」包含的範圍很廣，不單指現代人在學校學的那個「數學」。現代人只學數學、幾何、微積分、高等數學等，這些都屬於「自然數學」範疇，僅相當於古時「九章算術」的內容。在中國古代，人們從小不僅要學習自然數學，還

要學習「術數」。也就是說，古人要學習認知天干、地支、納甲、五行，並進一步將八卦與天干、地支相合，還要運用「大衍之數五十」等概念。將上述的陰陽、三才、四象、五行、八卦、八門、八神、天干、地支、子午流注、二十四節氣等因素加總起來後，同步進行演算，就是術數的推演。

古人善用這套運算體系，就能知道氣候的變化、天災的發生時間，以及四季的轉換過程等，這就叫「運籌」。籌策之間，能夠將可能的狀況演算出來，並且時時可以對應現實進行驗證。所以學易就從「數」開始，掌握、通透這套最基本的「數」，所有的規律都在其中。

✐ 「理」與「數」彼此相關

學易首先是「數」，第二則是「理」。因為光通「數」還不行，愈往精微處深入運算，就得愈通「理」。數與數之間的關係就叫「理」，也就是說，當我運算出一個結果後，之所以能夠如此靈驗、準確，正是因為其中包含著「理」。

易學的理涉及到許多層面，除了陰陽與五行之間的對應關係外，還有五行與八卦、八卦與自然現象、八卦與空間方位、八卦與人體、八卦與二十四節氣、八卦與地貌變遷等的搭配與對應。

應用在現實世界中，可以測算何時出兵、往哪個方位征伐最有勝算，甚至能算出敵人埋伏的位置，以及最佳的進攻或撤退時機等。另外，為什麼會有四季變化？為什麼會有星辰運轉？為什麼會有子午流注？這一切現象在數的運算過程中，都不能與理脫離關係，理中有數，數中亦有理，兩者全包含在一個大體系中。

☯立象而通於神明

　　通透地掌握「數」和「理」，是通達易學最基礎的前提，不是掌握了理、數的整套演算法，就能掌握天文地理。卜算的結果可能時而靈驗，時而又不靈，當中更深的層次，就牽涉到「象」與「占」了。

　　所謂「立象而通於神明」，真正要想做到「出神入化」，必是通達了數、理，最後再通達象的運用。通象必須由「密傳」而得，數、理、象三者如何配合起來，那又是另外一套學問了。最後到了「占」，才是易真正的運用與起用。

易學人生金句

所謂「立象而通於神明」，真正要想做到「出神入化」，必是通達了數、理，最後再通達象的運用。

在這裡從數、理的角度做淺層的介紹，僅僅就是拋磚引玉。易要學一輩子，不僅要有興趣，還得有聰明的頭腦，然後堅韌不拔地學下去，才能真正摸著邊際。

第七節 懷敬畏，積福德，遇明師，通天徹地大智慧

學易要有福報，但易跟福報有什麼關係呢？

因為「易」可不是一套簡單的學問，也不僅是一套深奧的智慧體系。「易」學的是鬼神莫測的東西，是一套通天地人、通鬼神、通幽冥之處的學問，這也就是為什麼易能「通神明之德」的原因。

☯學了易更要多行善積德

學易要心懷敬畏，要有堅毅不拔的精神，要有大福報，沒有大的福報，是承載不起的。福不夠，德行就不夠，那麼，現實中德缺了，就算真的學會起用易來卜算，算得愈是靈驗，也愈容易遭到反噬！所以，學易之人平時要多積德。

自古以來，類似情況屢見不鮮：常有人因為一點好奇心而入門學了易，當測算結果開始靈驗後，就變得任性妄為、胡作非為，如此一來，就會被反噬得很厲害，落得鰥、寡、孤、獨、殘、貧、夭的下場，也就是所謂的「缺一門」。

所以，學這套東西，不要有怨，不能自私，不能唯利是圖，若是把它用在求個人的私利上，必受反噬！表面看似賺了很多錢，但等待你的可能是身體不好，可能是禍遺

子孫。

　　學易同時要有大緣分，得有緣遇明師。師父帶你入門，每走一步，明師都會告訴你應該怎麼做，而不是只告訴你怎麼做才靈。師父會一步步帶你修行，而易的修行之路可不簡單，步步是陷阱，步步是坑，抬腿就是懸崖！當中有太多的說法與門道了。

　　當你算得準了，既能治病，又能替人做事，什麼事都能預測到。歷史上有多少這樣的人啊！一下為別人看風水，一下替別人測命理，算得靈驗又準確；但是，卻算不出自己落入鰥、寡、孤、獨、殘、貧、夭的下場，這都是因為「未遇明師」！只靠自己悟出點神通術、風水、醫術等東西來，或許也很靈驗，但沒有明師傳授遭逢反噬時的應對方式，還是難逃一劫。

　　如果真的尚無機緣得遇明師，切記只要為自己測算即可，數和理都要確實掌握，平時也要多行善積德，多做好事。最重要的還是要收起好奇心，避免炫耀或顯擺，千萬別去幫別人測算。如果亂用這套方法，必受反噬。

易學人生金句

學易同時要有大緣分，得有緣遇明師。師父帶你入門，每走一步，明師都會告訴你應該怎麼做，而不是只告訴你怎麼做才靈。

第二章
易與數、理的關係

學習任何事物，除了一定要有興趣之外，

也得具有現實意義，尤其是「易學」。

易學不但是一門很難的學問，

更需要大量的記憶、背誦、理解和綜合運用能力。

在學易的過程中，「數」和「理」是不分的。

理在數中求，無理數不精。

學易的基礎就是數和理，若想通曉易學，

唯有先識得數與理，一定要先在這兩方面下工夫。

第一節 學易之前，先懂數理

易是一門困難的學問，不僅容易使人感到枯燥，更需要大量的記憶、背誦、理解和綜合運用能力。如此龐雜又繁瑣，可謂學之不易。

學習任何東西一定要先有興趣，此外，也不能遺漏掉「現實意義」。如果沒有興趣，學起來會很枯燥，容易半途而廢；如果沒有現實意義，這種學習也是「虛」的，好像知道了一大堆的理，但對現實沒有任何幫助，這樣一來也後繼無力。

易博大精深，不僅僅是「理」，它還有諸多的「數」以及各種相互對應的關係，如果只以純義理考據的理去解讀易，空學一堆理，於實際生活中根本起不了作用，沒有太大的現實意義。

☯理在數中求，無理數不精

一般人從上小學就開始學數學，接著是大學、研究所、博士班，一路上都離不開數學。數學、物理、化學等數理基礎學科，令許多人學得頭大，根本不明白它們在生活中有什麼用處，更遑論去理解它們在現實中的意義。大部分的人在脫離學生身分後，就根本沒再用過微積分、函

數等數學課中習得的知識，所以大部分的人對「學數學」這件事興趣缺缺。

但易學其實大量涉及到數學，而且還不僅僅是數學計算，其學習及運用的過程，更是一種「推演」。而這是怎麼樣的一種推演呢？

在行軍戰事中，將帥、軍師與將領會在中軍大帳中進行一系列的運算、籌策。這籌策的工具便是卦籤、卦筒一類，還可能用到烏龜殼、撲克牌與銅錢等，甚至可能用動物和人來進行籌策。這就叫「運籌帷幄之中，決勝千里之外」。易的作用就在於此，做具體的推演時，需要思路清晰地去計算，必須頭腦清醒。所以學易需要邏輯思辨能力、分析判斷能力、數學思維能力，更需要有充分的興趣與熱忱，否則難以堅持。

學易的基礎就是數和理：理在數中求，無理數不精，而理和數是不分家的。現代會講解《易經》的人，大多將《易傳》、《易經》中六十四卦的含義講解成哲學和哲理。要知道《易經》絕非哲學著作，當中涵蓋了宇宙真相以及宇宙規律，揭示的理是極其高深和廣博的，就算將《易經》六十四卦的卦辭都理解了，也無法輕易通曉和起用。

☯數，從起卦開始

要想通達《易經》的真理，光是熟背還不夠，重點在於運用，也就是要從算和數的基礎上起用。那數究竟是什麼？數又是從哪裡開始的呢？其實，一切的答案就是「起卦」。

當遇到事情需要解惑，就要起卦。也就是說，當你對某事心存疑慮，或對未知之事產生興趣、想要積極了解時，就會有問事的需求。起卦的過程很簡單，每個現實中的事件都有對應的卦辭和爻辭，只要以這些事件做為基礎，再詳加分析、對應每一個具體事件其卦辭、爻辭的內容，如此即是「起卦」。看似簡明，但務必要在這個過程中去學理，而非一味將它當成哲學著作來學，否則會全無意義，就算耗費百年也學不得其中真髓。

數從「起卦」中來，從「起卦」中開始，但光通數而不通理也是不行的。若只搞懂數的運算推演，但是不通理，那就無法進一步去解讀數，也就算不下去了。

☯易是科學，絕非迷信！

要想習得真正的易，將其解讀得約有超過八成的準確率，那可非常不容易！孔子當年是怎麼學易的呢？這在《論語》裡描述得很清楚。據說孔子晚年特別喜歡易學，到了「居則在席，行則在囊」的程度。「居則在席」就是說

他只要得閒在家，就會在書房或者廳堂席位上擺卦推易；「行則在囊」則是指孔子在周遊列國時也沒放下過易，天天都將易隨身攜帶。而他所帶的籌策工具便是蓍草，作用等同於現在的竹籤，走到哪就帶到哪，隨時可推演，隨時可算。

可能會有人問：走到哪就算到哪，這難道不是迷信嗎？難道不用靠頭腦分析判斷了嗎？首先，必須要知道，易是推演學，這種推演是一種統計學，是中華先祖流傳下來的大智慧，不是迷信。古人在占卜的時候，通常都會說：「假爾泰筮有常 (註2)，假爾泰筮有常……」這段話聽來像是在外求神仙，但其實根本不是這麼一回事，而是要請神靈降賜靈感，透過卦來揭示一個結果。

但若是這樣理解，豈不就將起卦視為「向鬼神請求指引」的仙碟一類了？要明白，起卦與仙碟的性質並不相同，最重要的差異是，起卦時，並不是「向外求」。而若非外求神靈，以易算卦卻又那麼靈驗、那麼準確，原因又是什麼？在《十翼》（也就是《易傳》）中，孔子把「易為什麼這麼靈」的道理說得非常精闢，對此，後續會再講解透澈。

※註2：「假爾泰筮有常」為起卦問事前的禱詞，即為「祈求知曉天下恆常法則的偉大神靈給予啟示」之意。

第二節　易的基礎體系

易學曾是很普遍的學問，基本上以前的讀書人都要學易和占卜。在古代，易的這一套智慧體系，所有的讀書人都要掌握。因為《易經》是儒學中的萬經之首，要想在科舉中考取功名，最基礎的學問便是易。也因為有了易，整套完整的儒學體系才得以成形。

☯藏在曆法體系中的易

自黃帝時代以降，延續至夏、商、周三代，所有的貴族階層從開始上學、認字之後，就得學習易這種占卜之術。而孔子時代後的儒學六藝——禮、樂、射、御、書、數，當中的「數」就是指易的「術數」。那麼，他們是怎麼學習易的呢？

其實，一切都是從陰陽五行、天干地支開始。基礎課程包括八卦、六十四卦的卦象等內容，同時也必須學會紀年法、紀月法、日法、時法等曆法。因為易的整套運算規則，全都包含在中華的曆法體系中。在古代，這些是孩子們從小習得的必備知識，現代人反而認為這些天干地支、陰陽五行、納甲體系、六十甲子、十二生肖、二十四節氣以及農曆的年月日時等，都是晦澀而陌生的內容。因此，現在大部分華人都只會用西方直線式的陽曆、西曆了。

易中所有的基本知識全都在中華古曆法裡，這些知識古人從小就具備，所以演算起來並不難；現代華人沒有基礎，學起來相對困難，光是從十二生肖開始說起就覺得複雜，若是再由時辰說到月令與日干支的對應，這套龐雜的天干地支、納甲系統，一看就讓人暈頭轉向，不知該如何理解。

☯易的智慧體系，初難而後易

　　事實上，易這一套智慧體系，入門的時候很困難，因為有大量的基礎內容和層層的關係對應規則需要熟背，但只要跨越了入門的門檻，掌握了基礎知識點，到後面要延伸使用的時候，就可以千變萬化、神機妙算。當中的作用就全在這套體系裡循環往復，而且不用再學新的東西。

　　中華的這一套智慧體系跟西方不一樣，就像中國漢字，是種「方塊字」，一個字可能會有數十個筆畫，寫一個字要寫半天，麻煩得很。反觀，諸如英文、拉丁文這些文字，一條線、一筆畫就勾勒出來了，現代英文的二十六

易學人生金句

如果只以純義理考據的理去解讀易，空學一堆理，於實際生活中根本起不了作用，沒有太大的現實意義。

個字母也容易背，相對好學。但是，當一個新的事物誕生時，西方的英文、拉丁文語系就必須再創造一個新的單字，不斷擴充詞彙。

漢字在剛開始學習的時候很難，但是當我們學會了五百至八百個字後，就能用這些字不斷地組合出不同的詞；當再有新的事物出現，就能透過這數百個字的各種組合來表達，不用再造新字，非常簡單易懂。最終你會發現，其實漢語是最簡單、最好學的，只是剛入門的時候需要下點功夫。中華文化皆有這樣的共性——初難而後易，學易也是一樣。

剛開始學易的時候會讓人頭大，因為內容龐雜，從河圖洛書、先天八卦、後天八卦、陰陽五行、三才四象，到天上的那些天官，如紫微星、北斗星、三垣、四象、二十八星宿，共二百三十八顆主星，各自都有其意義和對應。此外，還有天象和地脈的對應，天有九星，地有九州，人有九竅，天地人相互對應，還能把天干地支的時空加入，互相計算、推演……言至於此，難免讓人腦袋一片混亂，全是因為現代人沒有從小接受這方面的教育，不具備這些基礎知識。

作為華人，值得深思的是，這究竟是一種進化還是退化呢？

☯中華的「圓形」思維

西方的數學、文字、語言、思維邏輯與曆法都是直線性的。以西方的曆法為例，從西元0年到現在西元2021年，時間如同直線般前進，直到一萬年、一億年、十億年，無限延伸。西方曆法講究的便是直線的模式，細究其中，其實一條線就是一個平面。而中華曆法則是以六十甲子年為規則，每甲子年為一個循環，六十年後再開啟另外一個甲子。可見中華的曆法是「圓」的，由始到終，由終到始，講究的是一個圓的迴圈。中國的文字也是立體的，而不是直線的模式。學習西方的事物時，學的就是線條、平面這些直線的思維觀念；學中華智慧的時候，則全都是迴圈、立體、整體的，兩者的思維模式完全不一樣。

易的智慧體系，如同其他中華文化古老的學問一般，也是初難而後易。雖然起頭時很困難，但只要基礎的東西都熟背下來，對應關係都找好了，這些先備知識都具備了

易學人生金句

易這一套智慧體系，入門的時候很困難，因為有大量的基礎內容和層層的關係對應規則需要熟背，但只要跨越了入門的門檻，掌握了基礎知識點，到後面要延伸使用的時候，就可以千變萬化、神機妙算。

之後，就能愈用愈熟練。掌握訣竅後不僅能運用得得心應手，還能千變萬化，奇門遁甲、太乙神數、梅花易數、六壬神課……全都在這裡演化。所以，把基礎知識學好，是學易最重要的核心。

第三節 算得再透，結果都是「僅供參考」！

一個善易之人，就算再精通數和理，算出來的結果也不可能百分之百準確，若能算出八成的準確度，已算是上乘了。為什麼準確率不能達到百分之百呢？這就和「人」用的「方法」與「解讀功力」有關了。

☯易是協助大腦判斷的幫手

易由八卦所生，自從有中華民族開始，基本上就已經有易。易在歷史上可說是百試百靈，那麼，為何不能百分之百認可用易測出的結果呢？其實，問題不在易本身，而在於人。由不同人來操作，或由不同人來解讀，易的結果是完全不一樣的。另外，易的內容有「顯傳」和「密傳」之分。顯傳就是數和理，密傳就是象和占，其中密傳不是人人可得，需要有緣分。

學易切忌迷信，一定要詳加辨證。奇門遁甲、太乙神數、梅花易數、鐵板神算等，無論你用什麼手段都好，算出來的結果僅供參考。

人類的大腦是有主觀判斷力的，在這個狀態下，用易來起卦、推演，都是為了替大腦提供判斷的參考。這種參考的意義在於，思考某件事物時，人的大腦是根據其所搜集到的相關資訊來下判斷，資訊的來源可能是眼睛所看見

的畫面、耳朵所聽聞的聲音等，種種感官體驗。但是，這些資訊實在太有限了，若要以此來做決策，資訊量還是太少，仍有很多不確定、幽暗未明之處，在這種狀況下很容易判斷失誤。正因為可能有料想不到的突發事件，或是意外的、非人為的、不可抗力的因素存在，所以，解決大腦誤判的問題，就是易的作用。

易能起這樣的作用是有道理的，在常人看不見、聽不到、摸不著的幽冥之處，某些資訊才能呈現出來。但是我們又不能完全依賴算卦、推演的結果來做決策，一定要分出主次。易的推演結果會顯現出該注意何事，給人警醒與提示，而所有透過易算出來的吉凶、得失、悔吝、憂虞等結果，在什麼情況下是吉？在什麼情況下是凶？都是有前提的，它所提供的只是一個參考而已。

☯不能忽視20%的不確定性

歷史上，諸如諸葛亮、姜太公、張良、劉伯溫等奇人，帶兵打仗、出謀策畫，一點都不含糊，可說是真正用易來運籌帷幄之中，決勝千里之外。

現在坊間各種術數之書中，大多數的內容只言及數和部分的理，如果只學了那點理論，在現實中能運用的又有幾個人？「知」與「用」是兩個截然不同的層次，雖然古

代讀書人都學易，都懂占卜，但可不代表人人都能用，尤其在大事上用。基本上，都是有大機緣、大福德的人才真正能掌握易，因為他們掌握了其中的不傳之密。

還是要注意，絕對不要過度地迷信易！之所以不要迷信它，並不是因為它有問題，或是因為它不準確。甚至，易是非常準確的，也沒有問題，關鍵只在於學的人。有的人想學奇門遁甲，便將市面上相關的書全買下來，天天背，就算背個三十年、五十年也不會用，因為得不到真正的密傳，學到的都只是些表面、皮毛的東西。易可不僅僅是會「算」而已，若只是死記書上的內容，只將它視為書面上扁平的九宮格的話，實際上根本起用不了。真正的起用是將易視為一個立體的大盤，裡面的時間、空間也都是立體的，絕非將天盤、地盤、人盤算進去就能交差了事。

擲硬幣時，出現正面或反面各有50％的機率，如同事件的結果，好壞各占一半。透過起卦法來算，能將準確率提高至60％，隨著對卦的解讀理解愈深、對理和數的不斷

易學人生金句

易的推演結果會顯現出該注意何事，給人警醒與提示，而所有透過易算出來的吉凶、得失、悔吝、憂虞等結果，在什麼情況下是吉？在什麼情況下是凶？都是有前提的，它所提供的只是一個參考而已。

通透，準確率就能提升。當準確率能提升到70%已經算相當不錯，要是能提升到80%就更厲害了！但即使已提升到80%的準確率，卻還有20%的不確定性，這種狀況下，你敢用得出來的結論，豪擲千金去買股票、期貨，進行高風險投資嗎？只要有這20%的不確定性存在，就可能讓人澈底失敗，到最後，學易之人還是不敢妄自下判斷。

所以，易學的理也具有哲學意義，它能提示人們該注意哪些事物，而這些事物可能是常人根本料想不到的。在這個情形之下，儘管做不到百分之百準確，易仍有很大的指導意義。

學易不能只是天天去背經書，而是要經常用、經常算，這樣一來，準確率會逐漸提高。就算起初測不準，也得持續測下去，多測、多算，終能找到其中的關竅。

第四節　不善不測，不義不測

用易來運算、推演的時候，有個原則要謹記——不善者，不測；不義者，不測！也就是說，不能將易用在投機作惡、違反道德的事情上。若是藉由易測出了一個結果，得知了某件事是吉利的、可行的，這時也別忘了運用理智分析，判斷這在現實中是否確實可行。

☯易不是投機取巧的致富手段

試想一下，當我們起心動念，想要投資股票、期貨，用易籌策了一下，發現結果是吉，預計能夠大漲，便投入全部的身家，豪賭一把！但怎可能有這樣穩賺不賠的好事？失敗的風險仍在，還是有很大機率會慘澹收場。

也就是說，股票、期貨這種具有賭博的性質的東西，絕對不要用易來測。正所謂「不義不測」，基本上涉及到賭博性質的預測，都不會靈驗。否則，那些將易學得精通之人，怎麼不去專職炒股票、操作期貨來賺大錢呢？

易學人生金句

股票、期貨這種具有賭博的性質的東西，絕對不要用易來測。正所謂「不義不測」，基本上涉及到賭博性質的預測，都不會靈驗。

☯好運是精算出來的，還是矇對的？

當你請教某些精通易學的大師，對方可能會告訴你，說他幫別人算出了該買哪支股票，讓別人賺大錢了。但是，易學大師絕對不會說他替自己算中了該投資哪支股票，還投入鉅額資金，結果讓自己大賺了一筆。

「替別人算準怎麼做才能賺錢」，這事也有蹊蹺——只要是投資，一開始靠自己的判斷，肯定是可能賺的；但是，接著可能賠光了，於是自己便猛然一縮手，再也不敢妄自下決策，只好都交給別人來替自己決定、提供建議。

如果後面你按照別人測出的結果去試，真的賺了，有了轉機，那都是碰上的、矇對的，說白了，也就是機率罷了！就如同你隨手拿起一個硬幣向上擲，明天股價若是會漲，落在手上就是字的那面；明天若是會跌，落在手上就是圖案的那面。就這麼扔一下，也就是50％的準確概率，那都不能作數。

用易來測萬事，不能不慎，其中的諸多禁忌暫且不論，首先要牢記的便是「不善不測，不義不測」。

第五節 易是入世間的大智慧

堪稱國學經典的著作頗多，各朝各代也都有著名的國學大師，如孔子、王陽明、曾國藩等，他們門生眾多，甚至歷代聖王中也有許多學易的。學國學，貴在習得國學的大智慧，那麼，什麼是大智慧？學什麼能得大智慧？

☯不學易，不通儒

說到底，易就是世間法中的智慧之根。如果不通易，就算把儒學的千經萬論背得再純熟，仍不能算是真正理解儒學。舉例來說，儒家講孝，尤重《孝經》，而萬變不離其宗，這《孝經》就不離易。華人為什麼重視「孝」？事實上，我們一直在強調的孝就是「人道」，而人道必定符合天之道和地之規。所謂天道，即是「道統」。孝就是人做事的基礎，它是德之本，因為它符合天道，所以才可作為世間之綱常。常人只知道「孝」是好的品德，但不知其符合天道，更不知天道為何、德為何，所以無法通達孝道當中深刻的意義，這都是因為不通易。

天道運行的規律就在易中，「易是如何落地到人間的？」儒學經典也著重在解讀這個議題。是孔子把易從一個占卜之術提升到了哲學的高度，讓易一躍成為萬經之首，後世的儒生必須先從易開始學起，才有可能真正運

用、通達儒學這套體系。研究儒學的學者們如果不研究易，那就不能說自己是研究儒學的。

易是中華文化中所有智慧的泉源，是「入世間」的大智慧。在現代能被人運用的智慧、知識與技能中，優秀科學家必定能掌握知識和技能，但智慧就不一定了！智慧是整體而全面的，與知識、技能不同。在一般人的求學階段中，學習到的都是某方面的知識或技能，無論對這兩者再怎麼精熟，都不代表能掌握到整體的智慧。

易是入世間的智慧，不學易就如同失根一般。但在學易的時候，觀念、知見要正，不要把它當成迷信，不能過分依賴透過易所推算出來的結果，更不能捨棄自我的主觀判斷。

❸以易感知人體的潮汐

星座的運行對個人有什麼影響？對山河大地有什麼影響？對國家民族的命運有什麼影響？哪顆星移動了，會讓民眾焦慮，產生妄想與衝突？這些問題，都能透過易來找到答案，因為易能教會人們什麼是真相和規律。

古人觀天象，透過觀測三垣、四象、二十八星宿等，對應大地的九州，再對應九州中的人，接著去運算天體變化，將其與山川大地的變化相對應，由此就能推演出人心

的變化，層層推進、環環相扣，這個完整而具體的智慧迴圈，就是易。奇門遁甲中的天盤、地盤、人盤，也是這個意思。

　　現代西方科學對易仍處於探究的階段，認識地仍太粗淺，所以無法高度認可易，只得逐漸從表面深入。反之，當天上的星體和星座尚未可見、一切還渾沌不明的時候，古人很早就把這套體系以及其中最重要的本質告訴我們了，只是後人未能善加理解、運用罷了。當你睜眼望向天上的許多星星，能夠分辨出它們各自屬於哪個星座嗎？能判斷它們的方位嗎？在現代，一個普通人或許根本分不出吧！更別說天上的星座、大地九州與人體之間的對應了。

　　現代人天天都在學西方那套東西，反而都不學易。但西方的知識理論無法理解易，只把它當迷信，完全不認可五行這套體系。正因為主流觀念裡不認可有五行的存在，所以也不認可天干地支，更不相信這彼此之間還有對應的關係。那麼，究竟天體的運行在現代，對人的身體健康、思維、思想、情緒還有沒有實質影響呢？

　　先不說太陽的運行，或是金、木、水、火、土那幾大行星，光以地球的衛星──月亮為例，它的變化週期對地球上海水潮起、潮落的潮汐現象影響至關重要。不僅僅是海水，人體內也有潮汐現象，因為人體的百分之七十幾都

是液體，人類的情緒、健康等方面，也都受到月亮圓缺、引力大小的影響。光是顆小衛星就對人體有如此大的影響，那太陽這顆恆星的影響就更大了！關於這一點，現代的西方科學是承認的。

易學人生金句

易是入世間的智慧，不學易就如同失根一般。但在學易的時候，觀念、知見要正，不要把它當成迷信，不能過分依賴透過易所推算出來的結果，更不能捨棄自我的主觀判斷。

第六節 成聖或成癲，掌握好一個準則！

在學易的時候，還得注意，一旦入門了，千萬不要一頭栽進數和理當中無法自拔，那樣容易未學成，就先「瘋」了。

☯學易要小心，別讓心靈成癮！

現代人玩線上遊戲容易成癮，無論大人或小孩，一旦沉迷在遊戲中，廢寢忘食，恨不得栽進遊戲的世界裡永不抽身，這就能說是一種「瘋狂」。

雖然古人沒有線上遊戲可玩，但古人學易也容易上癮、發瘋。因為學易太有意思了，就像在研究一門練功大法，一旦摸到門徑，得到一點門道、稍微入門了，就會樂此不疲。孔子晚年時對易就處於上癮的狀態，甚至到了「幾近瘋狂」的程度。還不僅是孔子，歷史上有太多人學易上癮。

不學易，就不能擁有智慧，就只能是一個普通人；學會了易，狀況兩極，不是成聖就是成癲！正因易這門學問有此特性，所以學習時必須掌握好一個準則。

☯成聖之前，先做一個「人」

佛學是出世間的智慧，也是深不可測的，學佛一旦學偏了，就彷彿脫離了現實感，容易感到虛無，如此一來，什麼都是假的、空的，也就什麼都無所謂了！接著就容易陷入自命清高、誰也看不起的境地。就怕學癲了以後還執迷不悟，放棄了眼下的現實，轉而追求虛幻，進入到虛擬世界，儘管現實中窮困潦倒，但是只一味追求精神世界豐富多彩，走了極端的，也就是學癲了。

佛法、易學，其實都只是讓人們的現實生活更美好、更圓滿的工具而已，可不能放縱自己全部的心神都陷進這個工具裡，反倒脫離現實、拋棄現實，鎮日裡只知道瘋狂研究這個東西，那就是本末倒置了。

無論成佛還是成聖，學佛還是學易，都要先做好一個「人」，將人這個角色做圓滿了，再去談該如何昇華。

易學人生金句

不學易，就不能擁有智慧，就只能是一個普通人；學會了易，狀況兩極，不是成聖就是成癲！正因易這門學問有此特性，所以學習時必須掌握好一個準則。

第三章
《周易》大衍筮法與易學基礎

易是門大學問，博大精深。

要想學好，除了練好基本功，別無竅門！

先理解入門的占卜法，這還不夠，

一定要有深厚的基礎知識先打底，

才能夠靈活運用、千變萬化。

什麼是易學的基礎知識？學易之前要先具備哪些概念？

透過這一章，先認識大衍筮法的操作，

再進一步探討它背後龐大且深厚的理論來源及基本知識。

第一節 古老的入門占卜——大衍筮法

自古以來，占卜的方法基本上可分為兩種——「占」與「卜」。周朝以前主要是用龜甲來占卜，之後的朝代則大多是以蓍草來占卜，其中又以「大衍筮法」為最易。雖說大衍筮法是最入門的占卜法，但這方法可是從古代流傳至今的。

☯工具可以簡略，步驟務必精實

以龜甲占卜，注重象；以蓍草占卜，則是用數。周朝以後人們多用蓍草占卜，接著才逐漸演變為以竹籤來代替，後來甚至有人藉由擲三個銅錢，透過錢幣的兩面來進行占卜。若是手邊沒有蓍草可用，就以竹籤代替；沒有竹籤，便用筷子代替。

但若是連竹籤、筷子這些工具都無法做到「居則在席」、「行則在囊」，出門帶著也不方便，那麼，用撲克牌也可以。試想，若是在飛機上想算個事，擺許多竹籤出來，那場景馬上會顯得有點不倫不類吧！所以，拿撲克牌挺好！五十張撲克牌就相當於蓍草，又便於攜帶，在公共空間中使用，旁人大約只以為你在玩牌，隨順眾生不惹矚目，很是自然。

在某些情況下，占卜所用的材料、工具或許可以通

融，但是方法、步驟就有嚴謹的規範了。占卜的推演須完全符合事物的發展，從無極到太極，再到太極的兩儀、三才、四象，藉由一步步規律的演算後方能得出卦。占卜的過程就相當於一場祭祀，必須慎重其事，不可省略！如果輕易簡化步驟，一定會對結果產生不小的影響。

要正式占卜時，尤其是所問之事事關重大時，務必要保持態度莊重，並拿竹籤的籤筒來上香，按規則逐步進行占卜。平時練習占卜的時候則可隨興些，有些小事待決議的時候，拿撲克牌來問事、占卜也是沒問題的。

☯著草占卦方法──大衍筮法簡介

大，指太極，古文「太極」均書為「大極」；衍，表示事件由簡至繁的衍生、展開、推演。大衍，指的是太極衍生出萬事萬物，而所謂「大衍之數」，就是太極衍生出萬事萬物所需要的數。

古人認為著草和龜甲一樣，具有預知未來的靈性，因此據說用著草占卜非常靈驗。著草是一種多年生菊科草本植物，高三餘尺，羽狀葉脈互生，夏秋之際開白花，深秋枯槁，逢春又生。再者，著草是草本植物中生長時間最長的一種，相傳能生長千年、莖數三百，而且莖很挺直，正如德高望重的老年人一樣，氣度非凡。《周易·繫辭傳》

中介紹大衍筮法的運用方法，使用的工具正是蓍草，而在河南湯陰羑里城的演易臺前，也有一片生長茂盛的蓍草園，可見自古以來蓍草在易學占卜中的重要性。

使用大衍筮法時，如果沒有蓍草，可以用牙籤、竹棍、火柴棍、圍棋子或撲克牌之類的東西代替。五十根蓍草用來表示天地萬物，要先從這五十根之中，取出一根存而不用。也就是說，實際用以占筮者為四十九根。那個不用的「一」表示天地未生前的太極，大衍之數，遁去其一，也就可以理解為「由太極衍生出萬事萬物」。

大衍之數，就是道之數。那麼，為什麼把「五十」視為大衍之數呢？關於大衍之數的解釋，各家說法不同，其中之一正是與「陰陽」相關。所謂「孤陽不生，孤陰不長」、「一陰一陽之謂道」，陰陽相合，圓滿了就是道。「河圖」與「洛書」的總數加起來是一百，是個盈數，而這一百個數裡面，有五十個陽數、五十個陰數。陰陽之數，兩兩相合，組成了五十組陰陽數，就是所謂「大衍之數五十」。

☯成爻設卦的步驟

備妥工具、理解大衍之數的原由後，接著來詳述步驟：

一、一變四營：所謂四營就是指分二、掛一、揲四、歸奇四個環節。首先，將四十九根蓍草隨機分成兩部分，放在案前的左右兩邊，這是「分二」；再從左邊那簇中取出一根蓍草，這是「掛一」；接著把左右兩簇蓍草分別以四根為一組來數，這是「揲四」。經過如此四個一數，最終必定有一個餘數（含餘數四），而左右兩簇剩餘的蓍草加在一起，不是四個，就是八個。這些餘下的蓍草和從左邊那簇中取出的一根，合在一起不用，只繼續使用左右兩部分，以四個一數分出來的那些。

二、三變成一爻：爻就是八卦上的橫線，有陰陽之分，三爻合成一卦。四營成一變，而操作三次，也就是三變後，便成一爻。以下就三變來分別詳述。

第一變，也就是將四十九根蓍草經「分二」、「掛一」、「揲四」、「歸奇」之後，剩下的蓍草數不是四十四，就是四十。因為兩簇之「奇」，左餘一，右餘三；左餘二，右餘二；左餘三，右餘一，加在一起都是四。左餘四，右餘四，加在一起是八。四十八策減去四或八，剩下的蓍草數只能是四十四或四十。

第二變，便是在四十四或四十的基礎上，經過「分二」、「揲四」（一變之後不再「掛一」）、「歸奇」，

重複第一遍的操作。剩下的蓍草則會出現三個數，可能是四十、三十六、三十二。如果一變之後的蓍草數是四十四，二變「歸奇」是四，就是四十；歸奇是八，就成三十六。若一變之後是四十，二變歸奇是四，就成三十六；歸奇是八，就成了三十二。

第三變，說的是在四十、三十六，或者三十二的基礎上，又經過「分二」、「揲四」、「歸奇」的步驟，剩下的蓍草數則會出現四個數，即三十六、三十二、二十八，或者二十四。具體來說，二變之後若是四十，三變歸奇是四，就成了三十六；歸奇是八，就成了三十二。二變之後若是三十六，三變歸奇是四，就成了三十二；歸奇是八，就成了二十八。二變之後若是三十二，三變歸奇是四，就成了二十八；歸奇是八，就成了二十四。

至於三變之後剩下的這四個蓍草數，或三十六，或三十二，或二十八，或二十四，分別除以四，則各得出九、八、七、六。其中，七、九是奇數，屬陽，定為陽爻（▬▬）。七稱為「少陽」，為不變爻；九稱為「老陽」，為變爻。六、八是偶數，屬陰，定為陰爻（▬ ▬）。八稱為「少陰」，為不變爻；六稱為「老陰」，為變爻。概而言之，爻逢筮數九、六變，逢筮數七、八則不變。

三、十八變成一卦：每三變畫一爻，由下往上畫，積

十八變而畫六爻以成一卦。根據爻逢筮數九、六變，七、八不變的原則，再求其之卦，即變卦。假設演算得到六個數，依次是七、七、九、七、八、六，其中七和九都是陽數，八和六都是陰數，所以這個卦是「雷天大壯卦」，但其中處在第三爻位的得數是「老陽」，處在第六爻位的得數是「老陰」，於是整個雷天大壯卦就變成了睽卦。其中，雷天大壯卦為本卦，睽卦為變卦。

如果從占筮實踐的角度來分析，卦變有「六爻都不變」、「一爻變」、「二爻變」、「三爻變」、「四爻變」、「五爻變」以及「六爻都變」等幾種可能性，此處所言之「幾爻變」，即為「變成幾個爻」之意。四十九根蓍草，經變化產生六、七、八、九，這是「必然」，而六、七、八、九是隨機出現的，還有變與不變兩種可能，加上後期解卦對於得到的本卦和變卦的卦象、卦辭、爻辭等，可以有種種想像和解釋，這能說是「偶然」。由此可知，卦象的顯現，為必然中的偶然，偶然中的必然，要能掌握此玄機，必得勤加推演。所以孔子說：「是故君子

易學人生金句

占卜的過程就相當於一場祭祀，必須慎重其事，不可省略！如果輕易簡化步驟，一定會對結果產生不小的影響。

居則觀其象而玩其辭，動則觀其變而玩其占，是以自天祐之，吉無不利。」也就是要人平日裡務必反覆操演占卜，觀察其中現象，即所謂「君子不占，觀其德義足矣」。

第二節　聽懂卦象的語言——解卦

以《易經》卦象、卦辭、爻辭作為依據，推斷事物的吉凶禍福，是占筮推論的重要方法，也是最常用的方法。卦象、卦辭、爻辭所提示的內容是一種哲理，極富抽象性、包容性、多元性、啟示性，因而是廣義的、多層次的、變化多端的，要隨著問卦的主題做出靈活的解讀。解卦的時候，要先充分理解這些卦象、卦辭或爻辭的內在含義，再結合當前所占筮的事項，觸類旁通，如此類比推論，才能得出結果。

☯朱熹的變爻推論規則

先前提過，當推演起卦完成後，會出現七種情況：六個爻皆不變、變一個爻、變兩個爻、變三個爻、變四個爻、變五個爻、變六個爻。變爻數量不同，推論方法也不同。南宋學者朱熹曾提出一套變爻推論規則，可供初學時占斷參考，概述如下：

易學人生金句

《易經》最講究變通，規則只具有相對意義，並非絕對真理，而且卦不亂呈，每個卦爻辭都有其必然的作用，端看每人的理解程度如何。

一、**六爻不變**：依據本卦的卦辭來解卦。以「演卦得豫」為例，則根據卦辭「豫，利建侯行師」，推論所問之事的吉凶。

二、**卦中有一個變爻**：就用此本卦變爻的爻辭來解卦。例如：演卦得頤，第二爻為變爻，得變卦損。這時，便取本卦「頤·六二」爻辭「六二，顛頤，拂經於丘頤，征凶」為根據，進行推演。

三、**卦中有兩個變爻**：用這兩個本卦變爻的爻辭解卦，而以上爻的卦辭為主，兩者相互參照、綜合考慮。例如：演卦得晉，其中第二、五爻為變爻，得變卦訟。這時，應以「晉·六五」的「六五，悔亡，失得勿恤，往吉，無不利」為主要類比依據，以「晉·六二」的「六二，晉如，愁如，貞吉。受茲介福於其王母」為輔助依據，推斷所問事項的吉凶。

四、**卦中有三個變爻**：解卦時，結合本卦的卦辭與變卦的卦辭來綜合考慮，但以本卦卦辭為主，變卦卦辭為輔。例如：演卦得艮，第二、三、四爻為變爻，得變卦未濟。這時要綜合考慮艮卦卦辭「艮，艮其背，不獲其身；行其庭，不見其人，無咎」和變卦未濟卦卦辭「未濟，亨。小狐汔濟，濡其尾，無攸利」，而以艮卦卦辭為主。

五、**卦中有四個變爻**：用變卦中兩個不變爻的爻辭解卦，而以下爻的爻辭為主，兩者互相參照。例如：演卦得大過，其中二、三、四、六爻為變爻，得變卦觀。這時推論的主要依據是觀卦的初爻爻辭「初六，童觀，小人無咎，君子吝」，並參考第五爻的爻辭「九五，觀我生，君子無咎」。

六、**卦中有五個變爻**：用變卦之中不變爻的爻辭來解卦。例如：演卦得大有，五個陽爻都發生變爻，得變卦坤。這時推論的依據便是「坤·六五」的「六五，黃裳，元吉」。

七、**卦中六爻都是變爻**：如果是乾、坤兩卦就用「用九」、「用六」解卦，其餘則用變卦的卦辭解卦。例如：演卦得大畜，六爻皆變得之卦萃。推論依據便是萃卦卦辭：「萃，亨。王假有廟，利見大人，亨，利貞。用大牲吉，利有攸往」。

但要注意，不能將上述理論視為唯一方針，因為《易經》最講究變通，規則只具有相對意義，並非絕對真理，而且卦不亂呈，每個卦爻辭都有其必然的作用，端看每人的理解程度如何。

第三節 起卦之前，找感覺、勤背誦

易博大精深，數、理、象、占環環相扣，邏輯性極強，初學時，先不論靈驗與否，需要先不斷地起卦。在反覆起卦的過程中，只要手法熟了，對卦辭、爻辭的理解愈深，便能逐漸打通門路。

與易學相關的基礎知識，必須要靠自己去把握和背誦，因為易不是光理解就行的，一定要仰賴大量的背誦，可說是「不背入不了門」。古人之所以能輕鬆掌握易學，那是因為古人自小開始便要修習六藝，天干地支、陰陽五行等觀念隨時都在背誦、使用。

✿經典是學易的敲門磚

中華智慧都需要「憑感覺」，這種「感覺」絕非全然感性的，反而具有強大的邏輯性。正因為中華智慧講究「大邏輯」，看事物時就必須綜觀全貌、觀看整體，只在小的地方鑽營，是看不出其中邏輯的。初學時，要多多使用大衍筮法起卦，雖仍抓不到邏輯脈絡，但可多看爻辭、卦辭，先別管測的準確率，而要先找感覺。天干地支怎麼裝配到六爻當中？時、空各個因素怎麼排？這些對應關係必須得自己去背、自己去學。

但是，在這繁雜的基本功中，又該記什麼、背什麼呢？以下就介紹學易不可或缺的經典——它們不是傳統的儒家典籍，而可能是圖畫，也可能是口訣，只當是為初學者指引一條路，若讀得純熟，往後另闢蹊徑也就容易了！

☯八卦的起源——河圖洛書

　　中華文明由伏羲創八卦而來，之後才有了儒家的萬經之首——《易經》。相傳，伏羲創造八卦，就是起源於河圖(圖1)。據說，某日有一隻身上帶著點的龍馬從黃河裡現身，被伏羲看見了，才促使他推演出八卦來；而洛書起源的傳說，則是肇始於一隻神龜，據說牠背著洛書的圖譜，

河圖

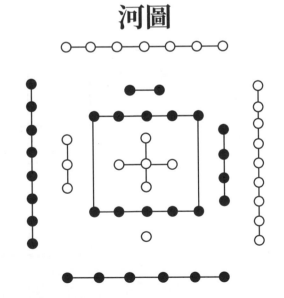

圖1：河圖

從洛水裡出現，非常神奇！

　　如果沒有這兩個圖，就沒有易與八卦，也就沒有中華文明了。河圖與洛書的神妙之處就在於，它們是中華文明的啟蒙，是一切知識體系的開端，更是一整套中華文化大智慧的源頭，可說是基礎中的基礎，必須透澈地掌握，也就是將它們完全地背下來！

　　河圖與洛書相傳是聖王明君治世的祥瑞之書，這兩張圖極其神祕，上頭並無文字，而是散布著許多黑點與白

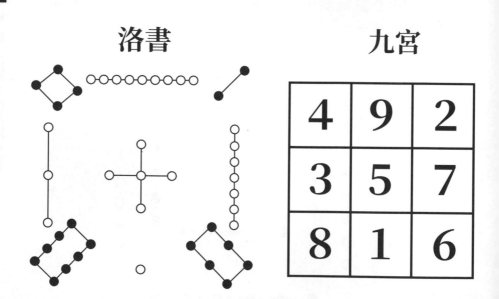

圖2：洛書與九宮格

點。圖中的線條則是後人所加，最初是沒有的，目的是為了讓人能更清楚掌握圖中內容。

　　河圖由五十五個黑白圓圈組成，黑圓圈代表「陰」，白圓圈則代表「陽」。如《周易‧繫辭傳》中所言之「天一地二天三地四天五地六天七地八天九地十」，天數五與地數五，五位相得而各有和，這樣算下來，天數一共是二十五，地數一共是三十，加總後得五十五，也就是河圖之數五十五。

　　洛書狀似九宮格 (圖2) ，結構是「戴九履一，左三右七，二四為肩，六八為足，以五居中」，五方白圈皆陽數，四隅黑點為陰數。戴，意指「頭戴帽子」，表示「頭上是九」；履一，則為「腳上是一」之意。而所謂「左三右七」，則指「左邊是三個數，右邊是七個數」；「二四為肩」就是指「肩膀左邊是二，右邊是四」；「六八為足」，便是「腳底下左邊是六，右邊為八」之意。最後，正中間之數則是五。洛書所呈現的九宮格，無論橫著加、豎著加還是斜著加，總和必定都是十五，這個概念在風水學上經常用到，尤其是「玄空風水」。

　　歷史上確實記載了河圖與洛書的存在，兩者出現在伏羲的那個年代，經過黃帝、堯、舜、禹等聖王幾千年的代代相傳，一直都被視為至寶，直到周幽王時才散失。提到

西周君王周幽王，最為人熟知的便是他「烽火戲諸侯」的事蹟了！周幽王有個妃子叫褒姒，容貌美麗卻性格冷漠，怎樣都不笑。為了博得她的笑容，周幽王竟把歪腦筋動到了諸侯身上。

那時，北方有遊牧民族經常來犯，為此，境內建立了像長城似的烽火臺，以防北方的犬戎入侵。當時的軍隊不是由國家統一，而是依照約定，由所屬於周的各個諸侯國各自培養軍隊，而都城內由周天子管轄、培養軍隊。若是犬戎進攻了，駐守的士兵便會在烽火臺點燃狼煙，狼煙一起，便如警訊一般提示諸侯，各支軍隊馬上會在指定的時間內趕到北方疆域，抵禦犬戎。

不料，周幽王為了博得美人一笑，就將褒姒帶到烽火臺，命人將狼煙點起。眾人一看，以為犬戎進攻，周天子有難了，各諸侯國便帶兵趕來；等到千軍萬馬抵達後，發現什麼事也沒有，搞得人心浮躁、又氣又罵的。沒想到，當褒姒看到這樣的場景，居然就笑了！這一笑，讓周幽王以為烽火戲諸侯的把戲果然奏效了，結果前後總共玩了三次。等到有一日犬戎真的入侵了，周幽王再次點起狼煙，這時各諸侯國中卻沒人相信他了！最終犬戎直接殺進了皇城，摧毀寶庫，劫走了所有的珍寶，河圖洛書也就這樣遭到搶奪、散失，至今沒再出現過。

都說河圖洛書是中華文明之源，但這個源頭到底是什麼樣的呢？是一本書，還是一個圖？無人知曉。有的人猜測，河圖洛書相當於現代的一種科學裝置或者設備；也有人推斷，它們可能是外星文明留下來的東西。但這些都只是傳說罷了。現代人對河圖洛書知之甚微，它們的神妙之處為何？真實作用為何？我們基本上一概不知。唯一能肯定的是，它們非常神奇，如同中華文明的根。所以，要學易，就必須將河圖洛書深深地刻進腦袋。

　　用大衍筮法起卦，通過卦辭、爻辭來占卜吉凶、悔吝的結果，不需要用到河圖洛書。但是，這樣一來，僅僅依據卦辭、爻辭，問的事只有吉凶、悔吝、得失這幾樣，包含的資訊很少，指向也含糊不清，只能從中得到最簡單的結果。所以，由大衍筮法得出來的結果不能代表易，僅是入門而已。如果想要知道事物由起始、發展到結果這一路演進的過程中，有沒有危機？有沒有不可控的因素？單憑大衍筮法的卦辭、爻辭，是得不到完整資訊的。

　　要更詳細地知道某一事件中，整體的發展趨勢和過程，就必須考慮更多複雜的內容，要將「五行」一併考量，這樣一來，就形成了一個具整體性的八卦。五行是五種力，舉例來說，五行中包含的金、木、水、火、土，不可將金直接理解成具體的「金屬」。

　　目前對五行最早的記載來自西周年間的《尚書》，當中提到了「一曰水，二曰火，三曰木，四曰金，五曰土」的概念，即為五行的特點。而五行的意義包含其藉由陰陽演變，在過程中具備的五種基本動態，分別是：水（代表潤下）、火（代表炎上）、金（代表收斂）、木（代表伸展）、土（代表中和）。因為五行有生也有剋，一旦有了生剋就有了相互對應的關係，因而呈現出旺、相、休、囚、死的各種狀態（圖3）。若想得知事件發展中的時間、空間、方位等條件中，何者有利？何者不利？就得把天干地支也加進來參考。如此便能加進推演，推測出來的結果就會有針對性、

圖3：五行生剋圖

準確性、指向性。而要進行這樣的綜合推演，就必須要會用河圖和洛書。

河圖洛書和天文星象都是能對應的，與地理中的大地、河流、山川的形勢也能對應，甚至也能與人對應。現代人對河圖洛書的掌握、理解，基本上就是來自於孔子對易的研究，早在漢、南北朝、隋唐、宋、元等朝代，對河圖洛書的解讀愈來愈多，基本上也都還是從表面進行解讀，真實含義早已失傳！雖然可惜，但也不失為一項重要的工具。

☯蘊藏事物成形前後之理──八卦

理解了八卦的起源與重要性後，接下來的任務便是學習「畫八卦」。對於八卦的畫法，不能不清楚，否則將無法繼續學下去！初學者可以使用快速記憶八卦符號的口訣（圖4）──「乾三連，坤六斷，震仰盂，艮覆碗，離中虛，坎中滿，兌上缺，巽下斷」來畫出八卦。

首先是乾卦，「乾三連」指乾卦如三條平行的筆直實線；第二是坤卦，「坤六斷」指坤卦如三條實線從中斷開，裂成六條短線；第三是震卦，「震仰盂」形容震卦像一個敞口的盂；第四是艮卦，「艮覆碗」形容艮卦如同把碗倒扣一般，虛線代表陰；第五是離卦，「離中虛」以兩

快速記憶八卦口訣

☰ 乾三連　☷ 坤六斷　☳ 震仰盂　☶ 艮覆碗

☲ 離中虛　☵ 坎中滿　☱ 兌上缺　☴ 巽下斷

圖4：快速記憶八卦口訣

條實線中夾一條斷開的線，表示離是火，中間是虛的；第六是坎卦，「坎中滿」就是以上下斷開的線條包夾完整實線，中間就代表滿盈的水；第七是兌卦，兩條完整的實線上方為一條斷開的線，代表「兌上缺」；第八是巽卦，與兌卦相反，是最下方的線條斷開，即所謂「巽下斷」。

　　此「乾、坤、震、艮、離、坎、兌、巽」八者，分別代表「天、地、雷、山、火、水、澤、風」。乾坤是天地，震是雷，艮是山，離是火，坎是水，兌是如大海一般的窪地（澤），巽就是風。在這套邏輯之下，因此有了伏羲「先天八卦」與文王「後天八卦」（圖5）。那麼，這兩者

又有何區別呢？

　　先天八卦是以乾坤為南北，等乾坤都定下來了，就能依序得知上南、下北、左東、右西的順序。首先要知道，中國古代使用的方位是前南、後北、左東、右西，和現代人的習慣正好相反。學易之時，要重新調整習慣，將眼前的方向視為南，後方是北，乾卦居南，坤卦居北，這是「先天」的。離和坎分別居於東西兩方，離是火，坎是水，水火不相射，是對著的；兌和艮，一個居東南，一個居西北，彼此相對；巽和震，風雷激蕩，兩者也是相對的。先天八卦是伏羲所做，它代表的是事物先天「成形以前」一片渾沌的時候，如果掌握了先天八卦，就能知道一個事件、一段感情是怎麼成形的。

伏羲先天八卦

文王後天八卦

圖5：伏羲先天八卦，文王後天八卦

而「後天八卦」則來自於周文王，據說他在羑里城推演八卦的時候，知曉了先天成形之前的狀態，然後將事物成形之後的發展過程也推演了出來，就成了後天八卦。後天八卦以離和坎為南北，東西有震和兌，乾居西北位，坤在西南位，代表的是事物「成形以後」的發展過程。

在易學中，先天八卦用得不多，後天八卦則用得多，如梅花易數、奇門遁甲等，使用的多是後天八卦。話雖如此，但其實先天八卦也很重要，只是大部分的人不知道如何使用，所以兩者都必須熟背。

☯數字中更深層的概念──天干地支

「天干地支」是十天干、十二地支的合稱，通常簡稱為「干支」，是命理運算最基本的單位，學易時常用，必須牢記。天干有十個，分別為甲、乙、丙、丁、戊、己、庚、辛、壬、癸；地支有十二個，分別為子、丑、寅、卯、辰、巳、午、未、申、酉、戌、亥 (圖6)。

易學人生金句

古代中國將文字當成數位識別碼，不僅能體現出數字的意義，還能夠分別對應如方位、時辰、月、日、年、節氣甚至是人體等許多概念。

十天干	甲	乙	丙	丁	戊	己	庚	辛	壬	癸
天干序數	1	2	3	4	5	6	7	8	9	10

十二地支	子	丑	寅	卯	辰	巳	午	未	申	酉	戌	亥
地支序數	1	2	3	4	5	6	7	8	9	10	11	12

圖6：天干地支序數對照表

現代人使用1、2、3、4等阿拉伯數字來標示，中國古代的數字則是用甲、乙、丙、丁、戊、己、庚、辛、壬、癸來標示。在易學中，有些概念是無法單純以數字表示的，因為數字並不是立體的，也不具有整體性。

古代中國將文字當成數位識別碼，不僅能體現出數字的意義，還能夠分別對應如方位、時辰、月、日、年、節氣甚至是人體等許多概念。而阿拉伯數字就只是一個數字，無法對應那麼多資訊；相反的，文字的甲、乙、丙、丁等，每個字都具有整體性，是立體的，當中可以包含更多的概念與意義，能體現出非常多的資訊。

❷整體來自於細瑣知識的不斷重組

中華文化的智慧體系是圓形的，著重於思路的整體性，學易的過程中，人的思維模式就會由線性的邏輯，逐漸轉化成迴圈式的圓形思維。以上提到的河圖洛書、先天

八卦、後天八卦、十天干、十二地支、二十四節氣 (圖7)等概念，就是易學最基礎的知識點，也是學數的基本，若想綜觀中華大智慧的整體性，就必須熟記。不僅要將這些圖象、口訣熟練地背下來，更要熟悉它們之間的相互對應關係，如二十四節氣、月令、人的五臟六腑與天干地支等的關聯。等到懂得靈活運用時，便可將它們不斷地重新組合，再配合六十四卦、三百八十四爻，以此定吉凶，演化出事物發展的過程，並且預測結果。

除了上述的基本知識外，在術數方面其實還有很多內容需要探討，但在後續演算的過程中，全都是這些最基本的關係對應、相互轉化、相生相剋等概念在交互作用，愈往後會愈複雜，所以基本功一定要紮實，不能心急。

接下來我們從易學經典《十翼》——也就是《易傳》開始認識，透過易理匯出數，就會明白數及其對應關係，以及占卜結果的理解、判斷與運用，更深入地去解讀易學所揭示的訊息。

八卦太極及二十四節氣圖

圖7：八卦太極及二十四節氣圖

第四章
易學的致用與態度

初探易學，很難不為它的高深莫測而折服。

修習這門奧妙的學問時，

不僅態度要恭敬、方向要明確，

更不能擅自使用、所傳非人！

究竟初學者該如何擺正態度？又該如何檢視誰是學易的「有緣人」？

這一章我們就先從各種術數的適用範圍說起，

再來談談歷史上的偉人與易的微妙關聯；

以及易與佛法兩者之間，看似相悖卻同歸於一的大智慧。

第一節 初探易的浩瀚廣博

《易經》的應用方法多，理路也多。由基礎的數理來看，從河圖洛書、先天八卦、後天八卦、天干地支、五行，再到五行的十二宮，彼此如何配合？如何相應？都是學問。從術數的角度來看，則延伸更多，如奇門遁甲、梅花易數、鐵板神算等，都屬易學的範疇。

🌀測什麼事，用什麼法

易的術數也分幾類，有測天、測地、測人、測事的，有的甚至還能測運。其中，若要測人生的走勢，就用「四柱八字」來測；若要測人的命運，就用「六壬神課」來測；若要測事，如執行專案、行軍打仗、指揮戰役，就用「奇門遁甲」來測；若要測國家命運、民族命運等大方向的運勢，這就涉及到了主命、主運的星象，就用「太乙神數」。還有，若是平日裡臨時起意要測事情，則用起卦方便又靈驗的「梅花易數」。從中可以發現，奇門遁甲用於「做事」方面的預測；六壬神課、八字命理則用於預測命運的趨勢。

各個主題的適合方式各有不同，就算把基本的要素來回地相互對應，還是讓人感覺愈研究愈沒頭緒，愈探討愈不著邊際。研究《易經》也是如此，愈是深入，就愈能

體會到它的浩瀚廣博，無論你的易學知識如何淵博，不會在現實中使用的話，也只是徒然而已。自古以來，學易者眾，但是真正能夠通達的卻寥寥無幾。在這眾多學易之人裡，無論是研究數還是理，從來都是魚龍混雜，真傳可能就只有短短一句話，假傳也可能堂而皇之地集成萬卷書，這當中真偽並存、虛實難分。

☯執著於準確卻不懂實用，是初學者的弊端

古今學易者，大多會循著相似的路走，也就是從術數著手，先學如何起用占卜，把奇門遁甲、梅花易數、六爻預測法學通了，接著才逐漸通理。我也希望大家要從術數和占卜開始學起，直接先起用。

一般人學易的歷程，通常是先理解基本的河圖洛書、先天八卦、後天八卦、天干地支、五行生剋，然後再選擇一門自己喜歡的學問，開始深入研究，可能是六壬神課，也可能是八字命理或奇門遁甲等術數，因人而異。相同的是，學習這些術數必定得投入大量的時間，數年到數十年都有可能，因為無論是太乙神數、奇門遁甲、六壬神課還是梅花易數，若是想精通，沒有花上好幾年的工夫，是不可能成功的。

許多人對易有高度興趣，於是特別去找一門鑽研、

勤學，甚至四處拜師討教，但是最後能真正學到精通的，卻都是鳳毛麟角。為什麼會這樣呢？其實答案就如前面所說，正因為易是非常浩瀚廣博的學問，從某一門術數入手，就算深入去學了許多年，到最後還是容易愈學愈沒有方向。

剛開始，用易來測事還算是靈驗，但若是再往後研究，可能在過程中就逐漸「失靈」，變得完全不準確，甚至連起卦都根本找不到感覺了！又或者，有人鑽研多年，好像把其中理、數的種種對應都理解透澈了，但是實際測事的結果卻時而靈驗，時而不靈。別以為學了奇門遁甲二十年，就可以學得像諸葛亮似的能掐指一算，運籌帷幄之中，決勝千里之外，現實中根本不是那麼回事。

學了多年易，真正在測事的時候，為什麼會與現實中的結果對應不上？含義看來也含糊不清呢？這就與解讀的功力有關了。舉例來說，若使用六爻預測法來測事，將事爻、應爻都找到了以後，用神也就找到了。但取用神是有規律的，找到了用神之後，在後續占卜決策時，要再去對應歌訣。再比如梅花易數、奇門遁甲、鐵板神算等，算到最後會得出幾個數位，每一個數位也都對應一條歌訣，要判讀占的吉凶，還得去分析歌訣。光是鐵板神算，就有高達一萬多條歌訣。好不容易學通了、算好了，也按指示做

了正確推演，到最後占卜結果揭曉，得出了一條或數條的歌訣必須對照的時候，那才真正是大問題呢！

只要看不懂歌訣，根本就解讀不了，占卜的結果可能就跟原先想問的事風馬牛不相及。無論是自學也好，四處拜師的也罷，只要是從數入手就可能會有這個問題，單這「解讀」一關，便有大約99％的人過不去。算得不準，會愈來愈沒有信心，就算堅持了十數年，也可能落得摸摸鼻子放棄的下場。而就算「測得準」，卻不知道如何去改變事情的結果，測出來靈驗歸靈驗，終究還是毫無意義的。這種不知如何調整的挫敗感，也會勸退許多人。由此能夠得出一個結論：術數它是有規律的，而這些規律是能掌握的，但是最終不見得能測得準人心與世事。何況光是測準了也沒用，一切重在調整。

真正想要調整結局、改變命運，單憑術數不行，還得要「調心」，因為心才是根本。這與佛法「修心」的觀念相近，因此許多學易的人，中途放棄之後，若是還想修行、調心，就會走向佛法，趨向於修禪。

易學人生金句

術數它是有規律的，而這些規律是能掌握的，但是最終不見得能測得準人心與世事。何況光是測準了也沒用，一切重在調整。

這些過程再波折，都是學易之人必然要經歷的。初學時可能是初生之犢不畏虎，才剛開始探索浩瀚廣博的易學，面對這套龐雜的知識系統，還處於興奮的狀態。如果把易學比喻成汪洋，初學者就有如剛學會狗爬式的泳客，想像著有一天能靠這一招半式征服大海。

第二節 只通術數，不通深理，缺一門

很多人以為，如果想學易，只要到書店去買幾本奇門遁甲、梅花易數的書，按書中所言去排卦對應，就能得出神準的結論。但排卦只是形式，而且光是形式就能千變萬化。占卜得出的結果，不能單憑個人的感覺去解讀，否則就會變成「學術數不通理」，不可能準確。

學易的人那麼多，難道就沒有學成的？當然是有的，但是這之中又可能有不同的狀況。能夠確認的是，只學術數，但不通曉其中的理，就不算真正參透易。

◉通理要深層，道高不露相

「通理」這件事，也分成不同的層次，有通淺層的理，也有通深層的理。通了淺層的理，學好了術數，去用奇門遁甲、梅花易數、六爻預測法，是能占斷準確的，但個人的命運會逐漸受它影響。這都是因為，當你替別人占事都很神準的時候，會發現自己尚缺一門，可能是鰥、寡、孤、獨、殘、貧、夭，其中之一。

歷史上的風水大師、命理大師，似乎只要掐指一算，就能將他人從小到大的生命進程、人生際遇都算得清清楚楚。看陽宅風水，能指點家中哪個方位是財位；看陰宅風

水，能判斷別人祖墳該遷往何處才是龍穴。什麼都能算，也什麼都算得準。但同時也能發現，歷史上這些「神準之人」，可能是乞丐，可能身有殘疾，可能孤苦無依，這都是因為學術數不入道，只通了淺層的理，但是深層的理卻不通，就會造成如此鰥、寡、孤、獨、殘、貧、夭缺一門的結果。

當深層的理通達後，才能將道與術數結合，成為真正圓滿的學易之人，也就不需要依靠這些術數和算卦的工具了。真正的善謀者、善術數者是不假於籌策的，自然就能將全部的知識融會貫通，更不會缺一門。

真正通達了的人，特別專精於術數，卻不會去為別人算命，也不會將術數的能力當成牟利的工具，更不會用自己的能力去為某個人、某個階層服務。術數與道合一的通達之人，必定是隱世的高人，絕對不會輕易將能力外顯。反之亦然，任意外顯鋒芒、賣弄所學的，基本上都不是真正的高人。

真人不露相，高人也是如此。但高人並非絕對不露相，而是會看緣分來傳出畢生所學。畢竟這些古老的智慧還是得繼續往下傳，但是千萬不能「所傳非人」！因為易的大智慧是天地的規律，運用起來的效果非同小可，若將這深層的理傳授給錯的人，就會造大業，歷史上這樣的例

子不勝枚舉。

☯三傳非人、三遭禍患的紫陽真人

道教南派的祖師張伯端，人稱「紫陽真人」，也就是寫出《悟真篇》的那位「悟真先生」，他研究了一輩子道學，礙於沒有高人指引，始終不得要領。直到年邁時某次偶然的機運，他陪同官吏到四川成都去上任，以自身研究奇門遁甲、鑽研道學的知識來輔佐對方。但是，那個時候他根本還沒學通。

當時他在寄居的小旅店裡碰到了一個其貌不揚的高人，便拜他為師。那位高人傳授給張伯端道家的金丹大法，只教了三天，張伯端就學會了。高人的指引就如同將零散的碎片相連，經過幾番傳授指點，就讓張伯端過去數十年學的東西都融會貫通了！但這也是因為張伯端過去的苦心研究打了很好的基底，才能通透得那麼快；如果要一個從未接觸過易的白丁來學，就算師父再高明，只花三天時間也不可能融會貫通。

張伯端學成之後，覺得這是老祖宗的大智慧，這樣的好東西勢必得廣傳，讓更多的人知道才行。但是，他忘了師父當時提醒他的話，也就是「只能傳授給有緣人」。所謂的「有緣人」，必然是福德俱足、福慧雙全的人，必須

品德高尚、心性穩定。結果，張伯端前後將這套東西傳給了三個人，沒想到，替他自己招來了三個大難！

身為一個修道的人，怎麼會算不出來自己將會大難臨頭呢？最後，張伯端身處死牢，眼見馬上就要被砍頭了，猛然間，他想起了師父的告誡，要他務必珍惜所學，千萬不能所傳非人，否則就要承擔重業。同時他也反思，他所傳授的三個人，究竟是不是所謂信根、勤根、念根、定根、慧根等五根俱足，且福慧雙全的有緣人？他一開始並沒有確實去檢驗。可想而知，那三個人學會了以後，到處為非作歹，到最後還是得靠張伯端親自出手把他們給治了，但是他自己也免不了身遭大難。

張伯端當下幡然醒悟，向道教的列師、列宗、法門先師謝罪懺悔，並下定決心要痛改前非，此時突有一個獄卒現身，將他從死牢中解救出來。這事說來玄妙，才剛醒悟，貴人就出現了！而這貴人又是怎麼出來的？其實修習任何道法，都必須有法門、法脈，還得有師父與「大護

易學人生金句

術數與道合一的通達之人，必定是隱世的高人，絕對不會輕易將能力外顯。反之亦然，任意外顯鋒芒、賣弄所學的，基本上都不是真正的高人。

法」，才能夠承先啟後。所以當大護法知道他懺悔了，也就現身來守護他了，就如同張伯端在死牢中莫名其妙地遇見了一位素昧平生的獄卒，一口咬定他肯定是蒙冤下獄，還捨命將他給救了出去，而這個獄卒其實就是他要等的「有緣人」。之後張伯端便把這一套大智慧傳授給這個獄卒，讓其繼承衣缽，後面才有道教的南派（金丹派）代代傳承。

第三節 學易要走聖人之途

學易規矩多，門道也多，要想學得圓滿，方向就要明確。將基礎的河圖洛書、先天八卦、後天八卦、天干地支、二十四節氣背下來後，就要開始試著排卦。

最初級的占卜便是大衍筮法，得出卦與變爻後，也就得出了卦辭和爻辭，而爻辭中呈現的可能是明顯的吉凶、得失、悔吝、憂虞等結果，也可能是一些隻字片語、斷詞碎句，但是單憑這些不完整的語句，初學者很難解讀結果。就算學到後期開始研究梅花易數、奇門遁甲，功力大增了，也不代表就一定能得出準確的斷詞。因為無論是上述幾者還是鐵板神算、六爻預測法等，算出的結果也可能是一句晦澀難解的歌訣。

☯卦辭與爻辭是亙古流傳的真言

真正的學易之法，要跟隨聖人的指引，從卦象與爻辭這一象一辭上學，絕對不能捨棄卦辭與爻辭。《易經》中的卦辭和爻辭最為靈驗，後世無人能出其右。所以，不建議初學時直接去深入研究進階的占卜方式，如要排天盤、地盤與人盤的奇門遁甲；或是要由推斷世爻、應爻，再去找用神並且對應歌訣的六爻預測法等。因為歌訣都是宋朝

以後的人所定，本身就可能有其問題。

　　占卦的時候，一定不離《易經》的卦辭、爻辭以及象辭、象辭。卦辭、爻辭並非周文王、周公旦所創；象辭、象辭也不是周文王與孔子憑一己之力所編出來的，而都是從上古流傳至今。所謂的「辭」，也就是「斷語」，起因於神授的文明。人類在文明面前、在神面前都太渺小了，老子、孔子、周文王等聖人亦然，正因為體認到自身的渺小，他們便遵循「述而不作，信而好古」的原則。經典也是神授的，當中的資訊與知識含量很高，光是一句簡短的話都值得反覆推敲、再三考究，甚而延伸出一兩本書來。

　　關於占卜的方法，以及如何透過占卜的結果來做決策，孔子在《周易·繫辭傳》中說得很清楚：「是故君子居則觀其象而玩其辭，動則觀其變而玩其占。」其中象就是卦象，辭就是卦辭。動則觀其變而玩其占，也就是透過卦象與爻辭的變化，就能看到事物發展的過程以及結果，這叫「玩其占」，其實並不複雜。學任何東西都要抓住本質，要擇一門深入，並將它理解通透，否則愈將其複雜化，就會離道愈遠！而孔子親自傳授給後世的占卜方法也不複雜，就只有一種，也就是「大衍筮法」。占卜後的結論該如何解讀，也是透過卦象、爻辭這兩方面得出。

❂解卦才是真功夫

從卦象來學，就得通曉河圖洛書、先天八卦、後天八卦、天干地支、二十四節氣、五行，之後則是看卦，接著再看哪一爻作為主要的變爻？知道了以後，就要先看懂卦象，再從卦象上得出很多的資訊，然後再參考卦辭和爻辭，從中又能做更詳盡的解讀。這是個必定得練成的慢功夫，要找對方向慢慢來，急不得。卦象就是規律，學易之人必須通達當中的理，理通達了，就能看出卦象中的諸多訊息。

比如，起用大衍筮法，得出了「天山遯」這個遯卦，假設這遯卦的第三爻就是主要的變爻，那麼，遯卦是什麼意思呢？第三爻又代表什麼呢？這個就是卦象，不通卦理的話，單憑卦象，基本上分析不出什麼。再者，如果連爻辭也看不懂的話，那就試著從爻辭裡找個吉凶、大吉、上吉或者大凶的字眼，但並不是所有的爻辭都有這些明顯的表示。一旦訊息量太少，加上理不通、數也不通，而數與象相連，數不通的話，就搞不清楚象了！所以，入門要先從大衍筮法開始學起，排卦也許還算容易，找爻也不算太難，但其中的真功夫就在「解卦」上。

易學人生金句

學任何東西都要抓住本質，要擇一門深入，並將它理解通透，否則愈將其複雜化，就會離道愈遠！

第四節 初學淺通謹慎用，得遇明師才圓滿

解卦這門學問，修起來不容易，即使把卦解得精闢，也不過是通了淺層的易理，不能隨便去用。解得再靈，若沒有遇到明師，也只能用在自己或是親近之人的身上，然後積福德以求上蒼，望能遇到明師來傳授更深的理，就會圓滿了。若未通曉深層的理念，萬不能將它用在替別人消災解難、指點迷津上，更不能拿它去牟利，否則愈靈驗反噬就愈強。

☯易的理，值得再三玩味

前面說過，學易，必須從占卜開始修起，而且不離卦象與爻辭，這些都是自上古流傳至今的智慧。古代聖人將上古的智慧碎片歸納、統整，並未將自己的主觀想法加諸其中，就只是單純地歸納起來，然後教後世如何去運用。衍生的諸多占卜法中，都是從最基礎的大衍筮法開始。

舉例來說，太乙神數是星象，星象也不離河圖洛書。正如奇門遁甲也不離先天八卦、後天八卦，還牽涉到天干地支、八門、八神、九星的相互配合，但這種配合，不光是在現實世界中拿張紙、拿個沙盤去演算就成了的。這裡面有很多的門道，眾說紛紜，要從最基本的大衍筮法開始

學起，然後從河圖洛書、先天八卦、後天八卦、天干地支、五行等觀念開始，把最基本的理搞懂了，進而去理解八門、八神、九星這些概念，用來占卦測事，已經足矣！

想學占卜，除了不離卦象與爻辭，還要配合《易經》的理，而所謂「《易經》的理」，就是河圖。舉凡河圖洛書、先天八卦、後天八卦、天干地支、陰陽五行、二十四節氣……這些基礎中的基礎，其中的相生相應、對應關係都是理。必須先通達這些理，才能理解八卦的含義；釐清它代表的時空運轉規律後，進一步理解六十四卦的含義。

舉「乾卦」為例，它如同一個事物，遵循著從孕育、出生到壯大，面臨衰敗、空亡的一套規律，藉此就能知道這個卦在六十四卦整體的趨勢下，所處的位置與含義為何，這就叫卦象，當中包含了許多的資訊。占卜之前，先釐清所問之事與時空、天地、人物有無生剋關係，接著再看八門、八神，並對應天上九宮、地上九州、人之九竅，這樣天、地、人就一一對應起來了！不僅聯繫著過去、現在以及未來，就連時間和空間均能呈現，不只是得到一個吉凶論斷那麼簡單。當我們能看懂卦裡面包羅萬象的含義，占卜才有意義。

易這種思維模式，與現代人的邏輯思維正好相反。為了看懂卦象深層的含義，需要熟讀《十翼》。一開始肯

定看不懂，沒關係！現代人對古文本來就特別生疏。但只要配合著占卜，慢慢去領悟，把易的卦辭、爻辭，包括《十翼》，全都當成一門學問，不斷地去讀它、領悟它、玩味它、斟酌它，便能從中尋找學易的感覺。在建立起這樣一套新的思維模式後，再去解讀爻辭、卦辭，就會愈發通透。用在大衍筮法上面時，就能一眼看出卦象呈現出的狀態、癥結所在、後續發展等實用的訊息，這個才是學易的正道。

現代人學易完全是秉承聖人傳下來的道統，後世打著聖人的名義提出的那些方法、寫成的那些書，很高機率都是假的！但在這之中，一定也有真的，不能否定一切，而是要把那些真的東西挑出來，去偽存真，然後學得專精、通透。直到真正入了門，受明師指導、圓滿後，才能體會到「智慧打開」之感，到那個時候，也就成了能洞察一切的人了。屆時，愈去助人就愈圓滿。

☯信易，才能善用易

初學者勢必會遇到占卜不準、解讀不清的狀況，發生的次數多了，難免會內心動搖，產生強烈的質疑。但必須知道，學易的心態中，「信」是非常重要的！如果你起卦測出的結果，與現實中的吉凶沒對應上，其實並不是易本身有問題，才導致測不準確，而是你沒解讀到位！信是功

德之母，若是沒有堅定的「信」，是學不了易的，愈是質疑，占卜的結果一定愈不準確。

因為易乃「通神」之事，神無所不知，眾生的起心動念神都知曉，既然易能通神，就一定要態度敬重，並懷著誠信的心，不斷去摸索、敬畏它，把它當成至高無上的存在。但務必釐清，易雖能通神，卻並非迷信，相反的，愈學易就愈不會迷信，因為學易能讓人掌握的是客觀的宇宙規律，而非將生命的禍福全數寄託於未知的神靈。

但凡追求智慧、嚮往昇華、想要脫離低級趣味的人，沒有對易不感興趣的，否則就不過是俗人一個。易和佛法一樣，旨在尋求真正的智慧，兩者都是規律的東西，是智慧的緣起，只不過隨緣不同。

易學人生金句

信是功德之母，若是沒有堅定的「信」，是學不了易的，愈是質疑，占卜的結果一定愈不準確。

第五節 功成名就者，離不開易

要研究易，得從占卜法開始學起，這是一定的，不能沒頭沒尾地直接栽進易學之理中，把它當成哲學的理在讀。畢竟，易的作用並不是告訴我們哲學的規律與定義。《易經》就是占卜之書，世界上沒有任何一部書能取代它的位置，包含推背圖、馬前課、燒餅歌等，都是從易演化來的，因為它揭示了宇宙自然發展最根本的規律，所以才會那麼準確。

☯善易之人能左右局勢

若將宇宙想像成一臺巨大的電腦，人間則是一個類比遊戲的空間，我們全都是在這個遊戲中生活的角色，誰掌握了遊戲的底層設計，誰就能左右遊戲的發展方向，甚至可以在這個遊戲中為自己無限增加彈藥、擴增領土，隨心所欲。《易經》中的八卦、六十四卦，它就是在告訴我們這個底層設計的規律，而中華歷史上所有功成名就的人，沒有人能離開易，所以才能在他們的時代掌握先機。

可能有人會想到締造豐功偉業的成吉思汗，他就不研究易。但是，成吉思汗身邊有個叫耶律楚材的易學高手，如果沒有他，也就沒有成吉思汗了。再者，成吉思汗之所

以對丘處機這樣一個道士萬般敬重，也是同樣的道理。漢高祖劉邦也不懂易，但是他身邊的蕭何、張良全是研究易的；後世諸如劉備身邊的諸葛亮、輔佐朱元璋的劉伯溫，全是通易之人。可見，歷史上所有成功的人，要嘛自己就是修易、學易之人，要嘛身邊必有人精通易。

在現代工商社會中，混得風生水起的，也離不開易。光是尋常店鋪、攤商做的那點小生意，進什麼貨？賣多少錢？都得天天做決定，一個決定做錯了，就可能頃刻間失去一切。更何況是大企業，若大老闆身邊沒有精通易的人來輔佐，或者自己不研究這套東西，哪天一個決策做錯了，就有可能萬劫不復。所以，若想闖出一番大事業，一定得研究易，要是自己研究不了，身邊就一定得有精通易學的人。如果自己不研究，身邊也沒有人才，沒這機緣，就算錢賺得再多、官位再高，都有隱憂。最好就是平平安安過個小日子，別太惹眼也就求個安穩就好。

試想，從古至今有幾個當官的人有好下場？有幾個首富最終有好結局？為什麼得到善終的人少之又少？這都是因為到了高峰的時候不知道收斂，不懂得急流勇退，只知道一個勁兒往前猛進，完全沒有易的智慧。更甚者可能鋃鐺入獄，甚至搞不好最後落個生死未卜的下場，這又是何必呢？

古代就連遊戲也都是根據卦爻來相配的，比如「麻將」就是跟天、地、人相配的，當中包含了四象、四識、四季等各個概念的相應。古人拿麻將牌來學易，而學易就是古代智者玩的遊戲。所以，古人藉著玩「易」這樣一個遊戲，愈玩愈執著，愈玩愈沉迷，愈玩愈有智慧，修行的檔次、心靈的境界也跟著愈玩愈高。

　　易的終點正是本體的心，出世與入世，都將歸於一處。中國人特別嚮往於易的研究，不僅僅是嚮往它的理和數，更在於它可以占卜、預示未來，如果通達了易學的理，其實就是通達了天道。說到底，我們其實就是想透過學易來領悟天道，即天和地運行的規律，然後才知道應該如何做一個圓滿的人。

☯易學與佛法，殊途而同歸

　　學佛是去認識心，從本體上學，知道一切為心所造，心一旦變了，世界就變了；學道、學儒則是從規律中去學，先掌握宇宙自然發展的規律，知道如何去運用這個規律後，智慧最終也都歸結到心。

　　但學佛和學易的道路不同、方法不同，就連起用處也不同。佛法學的是「出世間」的智慧，看淡世間的功名利祿、紅塵滾滾、愛恨嗔癡，愈學就愈離世，因為它講究的

就是「捨」。道法則是愈學愈入世，愈學愈通達其在現實中運作的規律，所以說道法、易學是「入世間」的智慧，也就是二元世界中，我們如何去鑽研、運用陰陽的智慧。而佛法的心是「一元」的，不講究二元的事物，將其視為低俗、不入流的，所以佛法都講究反本歸真。

但在道法、易學的系統中，也有近似於「一元」的理念。道家稱易為「太極」，修習的同時就如同回到天人合一的狀態，其實也是歸到那一處。但是佛法放棄了二元的萬事萬物，不玩陰陽，也不玩三才、四象、五行和八卦，專注於尋找本心，因為找到心就等於找到本體，這肉身就是臭皮囊，有什麼用呢？

相反的，易學、道法是一定要「入世」的智慧，但等入世到極致了，最終還是要「出世」。這裡所言的「出世」與佛法捨棄世間外物、但求本心的出世不同，指的是人離開世間、生命終結的時刻。也就是說，活著的時候就入世，人死了便出世，自己的命運由自己掌握。這也就是學易之所以要學占卜，因為透過占卜不僅能掌握命運、處

易學人生金句

說到底，我們其實就是想透過學易來領悟天道，即天和地運行的規律，然後才知道應該如何做一個圓滿的人。

事法則，更能掌握一切規律，到生命的盡頭，便能從生死中解脫。真正精通了易的規律，就能夠超越於生死，在離世之前，也能知道自己何時會走、要往哪去，一切都由自我掌握。

佛、易兩條路其實全都歸於一處，都是「一」，世間智慧包羅萬象，有佛、儒、易、道，五花八門，端看你如何選擇。若想出世、看淡世間的一切，就學佛法、禪宗；要想掌握世間的規律，在世間有所作為，就學易、道、儒學等入世的大智慧。

第四章 易學的致用與態度

112

第五章
易在中華文化中的實用與地位

淵遠流長的中華文化中，

通曉易學、懂得運用易的智者也不少。

他們之中，有的用洛書揭示的奧祕來治水；

有的憑著測算天、地、人之間的搭配來識良才。

無論是帝王將相、黎民百姓，

易學的天道規律深深影響著每一個華人。

若有興趣學易，又得明師指點，有幸成為入門弟子，

接下來的修行階段又是如何呢？

現在就一起來了解。

第一節 立足高維空間俯瞰人世

透過易來占卜，作用就是預測現實中將發生的事，使人能夠提前做好準備。若預測到有災難要發生，我們就能提前避開；預測到災難會在什麼時候結束，就可以提前安排好往後的生活。

當下全球最重大的事件就是新冠肺炎的疫情，同樣也能夠透過占卜來預測這波疫情的未來發展，但是，假如有許多人同時占卜同一件事情，得出的卦象結果與爻辭會一樣嗎？答案是——不可能會一樣。這當中包含比較深的理，之後會再逐步講解。

☯用易預測瞬息萬變的世界

透過《易經》大衍筮法的占卜預測，能得出這樣一個結論：新冠肺炎疫情會在春節前後較為嚴重地反覆發生，直到2021年的夏至左右才會開始有所緩解，但此時還沒能完全消除；要一直持續到2021年的冬至才有可能會更加趨緩，甚至消除。

疫情是瘟疫，是一股負能量，這股負能量和正能量一直處在搏鬥的狀態中。占卜的當下，正邪兩股力量仍持續作用，能得出上述的預測結論。如果中途有突發的事件，

導致哪一方的力量驟減或增強，狀況就會再度扭轉，這是必然的。如果單憑爻辭、卦辭、卦象來做預測，顯現的結果會流於表面，顯得太過簡單！重點在於，預測的結果還需要有前提。也就是說，為什麼所求得的是這個爻辭？為什麼是吉？為什麼是凶？這些條件都要詳加辨證。有時候為了得出更透澈的結果，還需要運用天文學、星象學來進行推演。

天文學是一門透過研究日月星辰的運行軌跡，探討其對地球及人類有何影響的學問，觀測天象、星象也屬於天文學的範疇。中華文明的上古時期，天文學非常發達，發達到什麼程度呢？可以由明朝大學者顧炎武於《日知錄》中所言得知，天文學曾極盛一時、遍及各階層的景況：

三代以上，人人皆知天文。「七月流火」，農夫之辭也；「三星在天」，婦人之語也；「月離於畢」，戍卒之作也；「龍尾伏辰」，兒童之謠也。後世文人學士，有問之而茫然不知者矣。

占卜星象、道家法術在漢唐以前的貴族階層中，幾乎是人人掌握。那個時候的貴族是勞心者，庶民則是勞力者。當官的士族階層掌握著庶民無法掌握的智慧體系，才能在各領域有所造就。這套智慧體系就是古代貴族階層從小學起，「上知天文，下曉地理，中通人事」的學問，亦

即現代社會提倡的「管理學」。如儒家《孝經》中探討的，就是人事的學問。

《易經》中除了卜筮，還涵蓋了天文與地理的知識。天上的星辰運行影響著地球上萬物的生長，先前我們曾提過，月亮雖只是地球的一顆衛星，卻直接影響著地球上海水的潮漲潮落，還影響著江河與山川大地，乃至人類的身體，都受其影響。因為人體70%左右都是水，所以也受月亮盈虧、引力大小的牽引，而太陽輻射，甚至金星、水星、木星、火星等星體的運行，都會對地球上的萬物產生非常大的影響。

中國古人使用觀星術、星象學，透過觀察太陽與月亮的週期變化，以及五大行星的運行位置，就能觀測出個人的命運。每個人都是宇宙這個整體中的一分子，宇宙整體的變化連帶影響著每一個人，牽一髮而動全身。掌握了星象術、觀星術，就能知道人間世事的禍福，以及人類的思想動向。

日月星辰的運行變化，會相對應影響著某一類人。古人把人分成五大類，也就是金人、木人、土人、水人、火人，然後再由這五大類人分出更細微的屬性；屬性分好了，就根據出生年的不同、出生季節的不同、出生地的不同，進一步細分出不同的經緯度。透過這種經緯度的判

斷，就能知道這個人明年的整體運勢，連遇到貴人、遭逢災厄、命犯桃花等突發事件，都能預測出來。

☯化被動為主動，成或不成都能掌握

現在全世界疫情嚴峻，往後發展如何，從星象學便能觀測出來。但問題是，現代中華，懂天文的人在哪呢？天上主要有幾顆星？主星的陳列與運行的規律如何？每顆星與地球和人類有何對應關係？這些問題現代人可能一問三不知。祖先的智慧後繼無人，這是非常可悲的！

凡事「豫則立，不豫則廢」，通天象、懂易理的古人，做事必有其準則，行事必定講究。要往何處去？何時該出門？什麼時機最適宜執行？處處都有玄機。職場上，許多人都有過類似的經驗：有時候請主管批准一項計畫，可能計畫書在主管那裡擱置了數個月，中間無論怎麼溝通都過不了關；突然有一天，當你還在納悶時，主管莫名其妙就批准了計畫，這又是怎麼回事呢？其實，這行與不行之間，可是大有玄機的。

人世間有太多事似是而非，看似容易成的卻總是不成，看似窒礙難行的反倒一下就成了。常人都覺得這只是運氣使然，其實並不然，一切都是能預測出來的。這當中牽涉了決策當下對你來說是什麼屬性？你是哪年出生？屬於金、木、水、火、土哪一類？你去找對方的那一天是什

麼日子？每一個人、事、時、地、物，彼此相互是生還是剋？全都有講究。當我們不懂這個規律，就會對成事與否的準則感到茫然。又或者，當我們做一筆大生意，如果不懂天地的運行規律，有可能就會選擇了錯的時間、錯的空間、錯的方向、錯的方位啟動，不會有好下場。

前段時間，馬雲的螞蟻金服上市事件鬧得沸沸揚揚，一個絕佳的專案在上市的前一天突然喊停，眾人一片譁然。如果馬雲身邊有通星象、地脈、人事的高人，能從天時、地利、人和的觀點出發，觀測那個時候馬雲所在地的星象運行，排出天、地、人之間的關係後，或許就能準確預測，避免風險。當人的運走到了高點，有時就該懂得守成，該停就停，該慢就慢，因為無論再好的事業，都不能一味往前趕。唯有等到那個一切都「剛剛好」的時間點，待天時、地利、人和三方面都齊全了之後才能發動。每個人都有所屬的五行和運行的生命軌跡，得抓準那個對的時機，才能做成事，這就是玄機所在。

☯站在高維空間看事物全貌

上班族朝九晚五地工作，耗費精神與腦力，卻沒想到那都是在「低維空間」中努力，無論如何奮進，就如那地上趴著的小螞蟻，眼界窄小又不清晰。相反的，所有中華先祖的智慧都是從「高維空間」往下看萬事萬物，在那

樣的視覺下所看到的格局和準確度完全不一樣。在現實世界，只知低頭努力的人如同身處在最低維度的空間中，天天只能看眼前的狹窄範圍，再往前走是深淵、大海還是高山都不知道，只是一味往前走，完全憑運氣，最後的結果，不是撞上一堵牆，就是掉進萬丈深淵！

　　所以，我們學易，也學星象學、地脈學、堪輿學、五行等學問，其實就等於透過琢磨這些能力，試圖讓自己躋身高維空間。站在高維空間上往下看，世間的人要往哪走才能避開高牆和深淵，也就看得一清二楚了，這就是「先知先覺」。學易便能掌握宇宙運行的規律和真相，這不是迷信，而是超前的科學。當我們把這套東西真正學會了，就如同開了天眼一般。開天眼是一種智慧，當我們擁有了這樣的能力，就算是迎面而來的路人，只需要看一眼，從對方的穿著、方向、相遇的時間點，以及當下的星象生剋

易學人生金句

當人的運走到了高點，有時就該懂得守成，該停就停，該慢就慢，因為無論再好的事業，都不能一味往前趕。唯有等到那個一切都「剛剛好」的時間點，待天時、地利、人和三方面都齊全了之後才能發動。

等資訊來判斷，便能知曉對方的身體可能有什麼隱疾。

中華的天文學認為，天有九宮，地有九州，人有九竅。天上的星星可分成三垣、四象、二十八星宿，兩百八十三顆星，每顆星都影響著現實世界中的人事物。若要將這漫天星星一個個互相對應，豈不是永無止盡？其實這裡面都有規律。首先從紫微垣、太微垣、天市垣此三垣開始認識，再搭配青龍、白虎、朱雀、玄武這四象，理解它們彼此間的對應和作用，接著便可深入到二十八星宿、兩百八十三顆星。

唯須注意，學易必定先把易之理學通，將《道德經》的理學通，再往後學天文知識、地脈知識，接著才能中通人事，這就叫「天地人」三門學問，缺一不可。

第二節 中華先祖的智慧
——從治水的聖人到開國的戰神

中華曆法以六十甲子來紀年，天干地支相互對應，每六十年規律地循環往復。據說，這套觀念來自於黃帝時期一位名叫大撓的大臣，他以西元前二六九七年（距今約四千七百多年前）黃帝繼位那一天為開端，開始使用甲子年、甲子月、甲子日、甲子時。自此，中華就有了曆法。

中華古人掌握的天文曆法、星象觀測能力，在千百年後持續造福著後世。如戰國時代的李冰建都江堰，這項偉大的水利工程採用與大自然和諧共生的概念建立，不破壞大自然，也不用淤堵的方法。這項創舉，連現代研究水利工程的專家都嘆為觀止，其中當然也少不了運用「易」的概念。從都江堰的俯瞰圖便能得知，當中蘊含了先天八卦、後天八卦和河圖洛書之理。尤其是洛書，更是中國水利工程概念的起源。

☯偉大水利工程背後的易學智慧

大禹是治水的聖人，相傳，他曾為治「洛水」而苦惱不已。禹的父親——鯀，治理江河時，是用「堵」的方法來治，與現代人建水庫、大壩的原理相近。美其名是「調節」，其實問題只會愈堵愈大！鯀用堵的方法治水數十

載，江河依然一再氾濫；他的兒子大禹繼承治水的重任，最初也是一籌莫展。

直到某天，大禹在洛水邊為治水發愁，突然看見了一隻巨大的神龜從洛水中現身，而這隻神龜背上的圖畫就是洛書。大禹一看便知這是上天給他的啟示，於是運用洛書所示，以「疏通」的方式治理江河。他先是把天下之水歸於一處，也就是將水都引到大澤中，再鑿九條河讓水流入大海。大禹當時鑿的九條河完全符合洛書上面的布局，但又不是一一對應。洛書的智慧至今仍無法破解，但大禹就是這樣受洛書的神示，治理好天下的洪水，後世中華民族仍都受益。

或許有人會質疑：大禹真的治過水嗎？為什麼後世找不到任何大禹治水的遺跡呢？那都是因為，大禹治水的過程中，完全憑人工建造的工程設備並不多，而都是順應著山勢、水勢的，可能是在哪個地方開一座山，把水分開了。過了幾千年後再看，地貌上絕對看不出來有人工的遺跡，這就是中華的智慧——敬天，講求的是以不破壞大自然為前提，順應天道、地脈規律，用引導的方式，達到將天和地為人所用的大智慧。

戰國時期的秦是西北部一個貧窮小國，李冰是當時秦國蜀郡（今四川成都一帶）的郡守。當時的四川原先是

個不毛之地，因為青藏高原的水年年都在當地造成氾濫，土地無法耕種，不宜人居。但李冰上任後，掌握了大禹傳下來的治水智慧，造了都江堰，甚而將四川變成了產鹽之地。因為蜀地離海遠，要從沿海將鹽運往四川盆地是一件很難的事，所以當時的四川非常缺鹽。李冰想著，若是想讓四川成為能夠正常居住之地，必須解決兩個問題——一個是「水患」，另一個就是「缺鹽」。於是，李冰發明整套開鑿鹽井晒鹽的技術，在四川廣開鹽井，時至今日，現代四川的自貢仍有「鹽都」美稱，鹽井特別多，也是肇因於此。

李冰的能力絕非憑空而來，仔細講起，一切都和河圖洛書、先天八卦、後天八卦、天干地支、陰陽五行有關係，而且李冰能夠運用得比其他人更精熟。

秦始皇在位時，兩次進攻百越諸國，也就是現在的廣東、廣西等南越地區一帶。南越當時被稱為「南蠻」，境內多是崇山峻嶺，不好攻打。別說是行軍困難，連運送物資都是問題了！果然，五十萬秦軍進攻百越諸國，一開始就被滅了大半。於是，秦始皇南巡，親自查看狀況後，這才明白其中的關鍵。

原來，因為中原位處廣大的平原地區，若是起了戰事，重兵能直接趕到，所向無敵。但是，百越一帶全是大

山，地勢崎嶇，人民還會巫術，若是當地人打起游擊戰，習慣大部隊作戰的中原士兵根本施展不開。況且，在崇山峻嶺裡，求生不易，部隊缺衣少食的，糧食、裝備等物資也不好運進來。

為了解決這個困境，秦始皇下令修築「靈渠」，把長江流域和珠江流域連起，在崇山峻嶺中，將兩大河系取最近的位置相連。這靈渠的工程，可說是人類水利工程史上空前絕後的。靈渠從秦始皇時期修築成，一直用到中國解放初期，直到火車、高鐵等陸上運輸興起了，才逐漸被取代。過去兩千多年來，靈渠溝通著長江與珠江水系，當中有地理高度的差異、中間水流的緩急，還有忽陡忽緩的坡度，是非常複雜的工程，現代的技術根本無法企及。靈渠的神奇之處不只如此，為了克服水位的高低落差，當船行駛過來的時候，要將水位往上升到一定高度後再開放通行，這個技術也是世界首創。後面包括隋朝時修築的大運河，蜿蜒上千公里，也必須克服地表的高低落差，高的地方怎麼引水向上？低的地方怎麼導流向下？都是難題，但古人都一一克服了。自古至今其實還有很多先人的智慧福澤著我們，但這些智慧無法顯化出來，因為它們跟山水都已經融為一體。

言至於此，你是否會感到納悶：如果中華的老祖宗那

麼厲害，為什麼現在會不如西方？這是因為，老祖宗真正的智慧都失傳了、後繼無人了！不孝的炎黃子孫早已經把老祖宗留下來的那些，如珠寶、鑽石般珍貴的事物扔到垃圾桶了。試問現在有幾個人能看懂河圖洛書，參透其中的水利之法？

多年前修築三峽大壩的時候，所有負責的水利工程師們成群結隊地到都江堰去實地考察，想看都江堰是怎麼修的，結果沒有一個人學會。要知道，只從表面學點皮毛的話，根本理不清它的來龍去脈，而事物的原理藏在河圖洛書、先天八卦、後天八卦等古老的知識中，現代人沒有先備知識，如何能成為大禹、李冰之流，上知天象，下曉地脈，中通人事的水利工程師？

☯戰神的崛起，仰賴用人之道

當時秦始皇命人修築靈渠，指派的便是懂得河圖洛書之法的智者，也就是讓修道的人去主導水利工程。一開始接連派了兩個人，卻都沒修成；直到最後被指派的人出馬，才終於修成了！最後一人之所以能夠成功，說到這裡，相信你已經有了概念，用對人、做成事情，這就是天時、地利與人和相配合的結果。

用兵選帥，一般來說要看資歷、敬業精神、品德以及

能力。但是，古代如韓信這樣的統帥又是如何選出來的？劉邦能戰勝項羽，最重要的關鍵就是用對了韓信，但劉邦看中的卻不是韓信的資歷，也非他過往軍功。最初韓信只是一個小兵，因為項羽不用他，於是才轉投劉邦，好在遇上蕭何對他法外開恩，讓他看管糧倉，但此時韓信終究還是一個小兵。因為不得重用，韓信就跟著逃兵一起跑了，蕭何月下追韓信，將他追回後，直接建議劉邦，拔擢韓信擔任三軍統帥。

劉邦聽了當然驚訝，他身邊早有樊噲那類跟著從泗水亭一路打天下出來的弟兄，立了無數戰功，身負多少次重傷，都還沒當上三軍統帥；一個受過胯下之辱的韓信，從來沒帶過兵，豈能承擔三軍統帥的重任？最終，蕭何還是說服了劉邦，怎麼說服的？其實全是這一套東西──蕭何通天文、地理也通用人之道，經他一排，把韓信的生辰八字配合天干地支多方運籌測算，就知道韓信這個人是當代的戰神，符合現在的天象，也符合現在的地脈、地勢，既占天時又占地利。

易學人生金句

中華的智慧──敬天，講求的是以不破壞大自然為前提，順應天道、地脈規律，用引導的方式，達到將天和地為人所用的大智慧。

這測算的結果，劉邦一看就明白了！於是韓信從一個逃兵，一步直接提到三軍統帥，相當於現在的國防部長，造就了歷史上垓下之圍，項羽落敗，才有大漢的建立。這道理用在現代社會，假使企業用對一個人，能使業績突飛猛進；用錯一個人，再好的企業都可能敗光。所以，用人也得運籌，歷史上很多奇事就是來自於這用人的運籌，用的就是我們現在學的這套東西。

第五章　易在中華文化中的實用與地位

第三節 深扎五根，跟隨明師修習轉變

學習易這套高深的學問，可是潛移默化的功夫，要一點一點浸透著學。如要將豬肉做成臘肉，需要循序漸進慢慢熏，滋味才會好。現代人講求「速食文化」一切都求速成，圖個現學現賣。但是，要學易、八卦、奇門遁甲、天文地理這些知識絕對急不了，你至少得有十年、二十年真正去薰陶、浸潤，才能逐漸掌握。此外，還必須有強烈的興趣及動機，促使自己有動力去學習掌握這套智慧。耐心與興趣都具備之後，還必須要有明師引領，否則也是不得其門而入。

✎扭轉觀念與知見，需要有引路人

網際網路發達，幾乎所有經典都能在網路上查到，但是，查到了也不代表能看得懂！倘若你想知道網路上的河圖如何與都江堰的工程設計相互對照，又或者想考證洛書裡的智慧如何實際施展在靈渠的工程，光是靠自己摸索，可能耗費多年都徒勞無功。最重要的還是得在明師引領下，一步一步地起修。

我們都還是凡人、常人，考慮萬事都是以自我為中心，無論宇宙的模樣、自然的樣態、人間世事的好壞，全都是主觀的「我以為」。常人起修後也不是馬上就能參透

真正的大智慧，而是要漸次轉變自己固有的觀念與知見，也就是我們對宇宙萬物運行規律的看法——「世界觀」。只要觀念正了，循著聖人、得道之人的思路走，如此一來，對宇宙的認識一定會不同於常人。

成功的人之所以那麼少，就是錯在知見有誤，導致起步就錯了、起心動念就錯了，不符合天道的規律。就算徒有運氣，正好趕上了時間、空間，運勢看漲，那也只是一時的，最多風光十年、二十年，難逃最終轟然而倒的命運。憑一時的運氣而沒有智慧，絕非長久之計。

學道、學易的知見觀念需要慢慢調整，這就像是一個用慢火炊煙去「熏」的過程，欲速則不達。當觀念、認識都擺正了以後，思維模式就會跟著改變，進而直接影響到你對任何事情的決策。決策有高低，有對錯，有短長，每個決策環環相扣，連成你個人的命運，就掌握在自己手裡。學易就是為了得智慧，做人也好，做事也罷，小至打理家務事、經營生意，大至引導國家走向，都需要智慧。

☯福報愈大，所傳愈精

同時，也一定要與明師結緣，找到高明的師父指引，保證自己不是盲修瞎練，才能在有限的時間內達到一定的高度。畢竟易學不是能靠自學而成的東西，要有法脈的傳

承，裡頭都有密法。誠如現在這些以文字傳達給諸位讀者的，也都是「普傳」的東西，當中不包含密法，因為密法不可能逢人就傳。就算是拜在高明的大師門下，還是得修自己的福德，端正自己的心態和心性。師父能教給你什麼程度的東西，與你自己所擁有的福報有關。

密法也不是光傳授一個口訣就成了，每個修習階段都分別有普傳和密傳的課題，七七四十九關，關關有普傳，關關有密法。怎麼能得？有沒有這個緣？取決於你有沒有這個福報。福報與緣分俱足了，再來便要看你的信根、勤根、念根、定根與慧根，五根代表的品德愈深厚，緣就愈深，能傳給你的東西才愈多。

雖然都稱弟子，師父所傳授的東西可不一樣。初入門的時候都稱「散弟子」，僅代表「有緣能成為師徒」，只是結了這麼一個緣，對弟子的品德、心性、心態都沒有考驗，所以叫散弟子，傳的都是最淺顯的，沒有密傳的內容。雖然散弟子學的都是些普傳的東西，但已經算是很了

130

易學人生金句

常人起修後也不是馬上就能參透真正的大智慧，而是要漸次轉變自己固有的觀念與知見，也就是我們對宇宙萬物運行規律的看法──「世界觀」。

不起了。然後師父會觀察各個弟子的心態與品德，出點課題，打磨鍛鍊，經過數次考驗以後，才會決定是否要傳授更多的東西。散弟子合格後，就成為「入門弟子」，此時就能學到一點密法了；入門弟子再考驗幾年，過關後就稱「入室弟子」；精進到最後，就成了「關門弟子」。

各個法脈傳承都是這樣，不可能一拜師就把所有東西都傳給你，萬一傳錯了人怎麼辦？大部分教易學的高人，弟子中多數人這輩子就只是散弟子，無法再進階，因為福德、心態、心性都沒修到相應的程度，得不了密法。若是「德不配位」地得了密法，也不是好事。

學智慧體系要有耐心，要靜、要慢，急不得，拋下速成心態、屏除錯誤的觀念與知見，回歸那個再純粹不過的道理——真正的好材料，一定得經過細工精雕、小火慢燉，才能熬出醇厚的好滋味。

第六章
易與現代科學的關係

學易講求「慢」，追求的是「累積」，

與現在這個以快為尊的社會背道而馳。

如此一來，現代的學易之人應該如何自處？

這一章將從易與西方科學的共同性說起，

再來談論易這門古老學問的現代化用，

看它是如何經歷千百年的順應，

深植在中華文化的底蘊中，影響著無數人，

幫助他們擁有除了西方科技之外，

更整體而全面的大智慧。

第一節 說是「易」經，其實是「難」經

自古以來，解易、研究《易經》的人特別多，由易也延展出非常多的領域。雖然解說者眾，但易學卻是最難學的學問，原因就在於它本身很難被講得明白。

☯難到極致，物極必反就成了「易」

《易經》一名雖然有個「易」字，但只要稍加認識，就能知道它反而是一本「難經」，難到極致，物極必反就成了「易」。易是一套宏觀的大體系，講述時需要側重於它的整體性，其中最難的便是如何將易的體系貫穿起來，這對講易的人來說是很大的考驗。尤其人的語言所能表達的東西其實非常有限，加上每一個人對易的理解程度不一，講解易的人只能盡自己所能，盡量用最淺顯的語言把易「稍微」解讀而已。

學易不能急，不能急功近利，若是開始學了，就是一輩子的課題，而且會愈學愈有滋味，愈學人愈通透，原本的知見和觀念也會在潛移默化當中，像水潤萬物一樣逐漸被易潤透，一點一點地轉變。當固有的知見觀念變了，觀察宇宙中萬事萬物的視角也會隨之改變，就愈能看到事物的本質及整體性。

所謂的「通透」是指一種「狀態」，當我們看世間所有人、事、物的角度、廣度和深度都昇華之後才能達到。或許從前看人、看事都只能看見一個點；不斷地學易後，再看同一件事，也許就能看到它的一體兩面；若是再繼續精進，就更能發現事物是多維度的，是一個整體，不僅僅只有一個點、一條線或者一個面，也絕非原先認知的一體兩面那麼簡單。最後，立足於高維空間觀照人間世事，也就不需要借用大衍筮法去占卜了。

　　古人說：「知易者不占，善易者不卜。」真正通了易的人，不需要排卦、查看爻辭與卦辭，也不需要借用那些籌策工具來卜算，他心中已有一套大道運行的規律體系，思索問題時，就已經完全形成了易的思維模式。而所謂易的思維模式，就是強大的「形象思維」和「邏輯思維」集成後，所形成的一套圓形思維模式，在這套思維模式下，看什麼都很通透，就是達到了「通神」的境界，彷彿擁有只需要掐指一算，就能將萬事萬物掌握於股掌之間的大神通了。

✿易的二進位規則

　　易的體系與現代的電腦系統有些相似。現代人在電腦中創造出各種虛擬世界，而這些虛擬世界的基本都是從數字0、1開始，也就是所謂的「二進位」。所謂的0、1不外

乎就是指電的接觸，電接觸是1、電斷開是0，按此邏輯接續不斷地發展。若將這種規律套用在易，0、1就是陰陽，當有三個數時，比如001，陰陽就是八種排列：000、001、010，011、100、101、110、111。再加上八卦是八種排列，疊加為六十四種排列，每種排列組合又分六爻，如此來回變化，就形成了一個萬有的完整宇宙。

電腦的運算只要從0與1開始，按照一定規則不斷往下演變，就能夠生成一個虛擬的世界，那麼，如此生成的世界究竟是真是假？對於創造者而言，這很清楚就是假的、人為的；對於虛擬世界內的人來說，他們所存在的這個世界就是真的。虛擬世界一旦和人類的大腦相連，可能會使人生活在虛擬世界中而不自知，因為當下虛擬世界與真實世界中的生活是完全一樣的，真假難辨。現下人類所生存的世界本身就是這麼來的，也就是說，這世界本來不存在，也本來就不是真，是我們以為它是真。

易學人生金句

古人說：「知易者不占，善易者不卜。」真正通了易的人，不需要排卦、查看爻辭與卦辭，也不需要借用那些籌策工具來卜算，他心中已有一套大道運行的規律體系，思索問題時，就已經完全形成了易的思維模式。

第二節 腦神經與易學

世界產生於我們的大腦，因為有了大腦，才有你我生存的這個世界，換言之，如果沒有大腦，這個世界就不存在。現代西方先進的腦神經科學、量子力學都已經完整展示了這個結論：因為人類能動用各種感官來感知外在環境，藉由看到、聽到、摸到、聞到、嘗到所得知的眾多訊息，判斷自己與世界都是客觀的存在。但其實不然，這個世界僅僅產生在人類大腦的中樞神經裡，一切都只是「我以為」而已！

☯由缸中之腦看「借假修真」

西方曾有科學家提出一個名叫「缸中之腦」的思想實驗。這個實驗的大概內容就是：假設將人的大腦完整取出，放入一個裝有營養液體的密封容器裡，再將大腦和電腦連結，讓電腦通過電極向大腦發送訊息，則大腦的感知與電腦發送的訊息便會是同步的。比如說，發送大海的資訊，大腦接收的就是大海；發送「我坐在海邊」的資訊，大腦接收到了以後，就真的以為自己正坐在海邊感受海風吹拂，但事實上這一切都只是缸中之腦的反應。只要對大腦發送一系列的資訊刺激，它都能有看到、聽到、觸碰到的這些知覺，而且對於「自己只是一個缸中的大腦」這件

事渾然不覺。這個實驗也就證實了，我們一切的知覺感受全都源自於大腦，整個宇宙、外在世界都是在大腦中幻化出來的。

當你覺得整個宇宙中，所能眼見耳聽的事物都是客觀的，那這一切就只能是客觀存在的；既然已經是客觀存在，就無法改變它。因為過去的事情已經發生了、結束了，豈能扭轉它呢？如果是這樣的話，那麼，易學和現代的前沿科學根本不會存在，甚至連整個中華文明從根本上都是錯的了！所以，堅定的唯物主義者學不了這些超前的智慧，因為他們「固著」。

自古以來，中華文明中所有聖人的經典，都在闡述同一件事：我們眼前所見的都是假的，而非真實的。但是，如果要求取「真」，還必須得透過「假」來感悟，這就叫「借假修真」。易就是宇宙運行的規律，學易不僅僅要預知未來，更重要的是進而去改變未來，這就是學易的意義和作用。歷史上，不乏有能力改變自己命運的智者，他們洞悉了宇宙的真相——這個世界是假的，不是客觀存在的，僅僅存在於我們的大腦當中。先不論能否明白這個真相，對學易者而言更重要的是，對此觀點是認同還是不認同？是相信還是不相信？唯有認同了、相信了，才能繼續向下探索。

☯相信，才能照見偶然中的必然

大腦運行是有規律的，人類的大腦能呈現出相似的宇宙，而其他動物，如狗或螞蟻，牠們的大腦中所呈現的宇宙，必定跟人類不同。也就是說，宇宙是由誰來觀察、觀察者的生理構造如何，影響著他們所觀察到的結果，彼此認知的宇宙一定不是一模一樣的。堅定的唯物主義者不能認可這一點，他們堅持只認自己眼前所見的「形」，看不到的就不認，這樣一來，就學不了這個體系。

如《道德經》裡老子所言：「上士聞道，勤而行之；中士聞道，若存若亡；下士聞道，大笑之，不笑不足以為道。」不同於其中「堅信並篤行」的上士、「半信半疑」的中士，所謂「下士」指的就是唯物主義者一類的人，他們不會相信整個宇宙、外在世界是大腦中產生的，所以聽聞此道便哈哈大笑。如果這些唯物主義者不笑的話，這套真理還真不足以為道呢！當唯物主義者不笑時，意味著就連下士都認同、首肯這個道理，也就說明了，人人都能認可這個宇宙自然的規律與真相。如果真是這樣，那豈不是人人皆成佛、得道了嗎？事實上，現實中得道的人只能是鳳毛麟角。

得道之人之所以那麼少，也是因為人容易有「固有成見」的關係，無論他人再怎麼講述這個理，無論現代的前

沿科學展示得多清楚，絕大部分的人都不會相信，而還是只相信自己的感覺，認為自己的感受就是真的、客觀的，山河大地、日月星辰就是客觀的存在。如果固執地認為這一切是客觀的，不只學不了易和所有的中華文明體系，就連現在前沿的西方科技也學不了。這就是下根之人，完全入不了門。

大部分的人都是凡人，或許到生命終結了，驀然回首，卻對自己過去一生所為一無所知。只知道是日復一日混著日子，朝九晚五。更別說什麼預測與計畫了，等到事情發生了，再來面對吧！絕大多數人都是這樣渾渾噩噩地過了一生。少數的「明眼人」能看清人生並找回自我對生命的主導權，進而掌握自己的命運與生死，那才叫自由——得先知道自己是誰？來自何方？目前身處的世界又是如何？

唯有產生這些自覺，明白世間所有事並非「純屬偶然」，對於生活著的地方、日常所接觸的這些人，以及在自己身邊發生的諸多事件，也就更能梳理出它們的前因後果，不會再訴諸宿命。或許有些事就是巧合，但其實偶然當中有其必然，若忽略了當中的必然性，覺得什麼都只是巧合，就會失去對命運的主導權，無論現在、過去還是未來，全都把握不了，渾渾噩噩地過了一生，這就叫行屍

走肉，簡直是白活了！要知道，能當一回人有多麼難，能生在中華更是難得。一旦生而為人又生在中華，卻不知有道，又不追求道，那就是捨棄了真相、規律。

中華古人最重視的就是「道」，達到「朝聞道，夕死可矣」的程度，聞道之後，死也無憾了！易就是在揭示大道，即是真相、規律，知道真相後，也就能把握住規律，知道人是怎麼回事，宇宙是怎麼回事，與我相關的這些人事物是怎麼回事，理解偶然當中的必然。真正學通了以後，就能掌握和左右身邊發生的任何事，屆時，整個宇宙，包括天氣、季節、災難，乃至於貴人的來臨與相助，這些原本以為是「意外驚喜」的偶然，都會成為必然。

易學人生金句

自古以來，中華文明中所有聖人的經典，都在闡述同一件事：我們眼前所見的都是假的，而非真實的。但是，如果要求取「真」，還必須得透過「假」來感悟，這就叫「借假修真」。

第三節 學易是思維的重建，也是追擊前的潛伏

前面曾說過，如果將你我假想成生活在某一套遊戲所建構的虛擬世界裡的一員，都是被「創造」出來的，不是宇宙中自然進化的結果，這個虛擬世界也不存在所謂的「進化論」；那麼，這之中的覺醒者、覺悟者、得道者，或者成佛的，他們就是掌握了遊戲的「底層設計」的人，也就是懂得大道，並且開悟、得道、昇華了的人，能從遊戲當中超脫出來，進而改變現況、扭轉未來，如同開啟了「無敵外掛模式」一般！

仔細想來，人的一生和遊戲也相去不遠，也有許多要「通關」的時候。人生中有接連不斷的考驗，甚至是到了壽命結束的時候，玩家還要親自為自己過去的一生打一個分數。如果總分沒過關，最後一定就得重新來過。那掌握了生死、有大神通的覺悟之人，就相當於隨時開啟無敵外掛模式，各個關卡都可以隨意通達，想要擴充裝備也能隨心所欲，這就叫「大自在」。

✪融線入圓，才有學成的可能

歷史上「大自在」的人太多了，尤其中華民族能夠將人生遊戲輕鬆通關的智者比比皆是，他們都是藉著修易、修道、修儒、修佛等行為，來獲得掌握命運的能力。

這些所謂的「修行人」都是各個時代最有大智慧的人，不管他們於所處時代做著何種世俗工作，就算是當王侯將相，最後也得放下一切，走上修行的路。因為他們都明白，即使是擁有顯赫身分，享盡世間的榮華富貴，卻也都是過眼雲煙，生不帶來，死不帶去。而且，要是拿捏失準了，榮華富貴反而會招來巨大的災難！凡是智者都能看透這個真理，知道自己一心追求的是「真」，唯有「真」才是大智慧，能讓人從虛幻的世俗物質中超脫、昇華。而這樣的大智慧，都是從易當中來的。

學易可非易事，講得再直接、簡明也沒用，凡是剛入門的人必定都會毫無頭緒。因為現在一般人的思維模式是「線性」的，但易如同圓環，是一個迴圈式的體系，若想理解這種圓形的體系，等於還需要建構另一種全新的思維模式。

易是一個球，是一個立體，而且存在於多維度空間，不具有時間概念；現代人固有的邏輯思維是一條直線，無限制地向前延伸。兩者如何能相融？只有將直線一點點融進球中，放下固有的直線邏輯，等到完全融入了之後才能感受到易的智慧所在。如果堅持用原來的線性邏輯思維來看易或者其他相關的中華經典，將永遠不得要領。講易者通達了真理，是圓；聽易者堅持著固有思維，就是線，那

麼，就算講易者講解得再簡明也沒用，因為兩者的思維模式完全不在同一條道路上。剛開始學易的時候之所以窒礙難行，因為它是改變你原有思維模式的過程，凡事從無到有開始建構，都需要花費漫長的時間，不斷地薰陶、不斷地學、不斷地聽，等到學成了後就會恍然大悟，原來易本質上是很純粹的。

☯內功路漫漫，在沉澱中厚積薄發

一再強調，學易不能急功近利，這裡面有太多的東西，需要慢慢地領悟與參透。歷史上的智者都得學一輩子，方能愈學愈精深，沒有任何一個人自詡在短短數年間就把易研究通透了。世界上沒有所謂的「聰明人」，現代卻有很多人特別容易覺得自己聰明過人，以為只要去報名個奇門遁甲班，參加個梅花易數課程，學了排卦，排出個九宮格後，知道了天盤、地盤、人盤和八門、八神，就產生「學了幾天就能出師」的錯覺。

事實上，此處須一再重申，學易要改變的是每個人對宇宙的認知及世界觀，真正要學易只能是「慢功夫」，是一個薰陶的過程，要從內心裡真正地改變與調整，而這種變化不是一蹴可幾的。當世界觀真正地改變了，才有可能改變原先的方法論，才能將以往的所有邪見和偏見，改變成正見，也就是正確的認知。

一般人從小到大都在接受西方的邏輯思維鍛鍊，這套訓練過程會將原先碎片般的思維進階成線性的邏輯思維，而且讓人安於現狀，自認為思想境界已經有了長足的提升。學易之後，才會發現中華的智慧體系所呈現的思維模式，可不是碎片，更不是線性的，而是全像的，是一個螺旋前進式的迴圈。透過學習，轉變成為這樣的思維模式，便能影響我們的行為模式，進而影響決策模式。

中華的智慧體系與西方的截然不同。舉例來說，西醫的學生在醫學院學習五到七年，學會操作各種手術儀器、分析各類檢測的資料、熟悉各科病症的臨床反應，進行一套完整的訓練與實習，通過國家考試、取得證照後，便可成為具正式資格的醫師。再拿西方的物理學、數學等專業來說，講求的就是「快」，只要耳聰目明、記憶力好、領悟力高，就能學得快，有時甚至學個三年五載，就可以發表論文了！但是，學中華的任何一項體系，都不是能在短期內馬上有成的。

以中華的「武功」為例，可分為「外家拳」和「內家拳」兩大種類。外家拳講究「當下見效」，就如三年之內練成的少林功夫，一出手就有可能奪人性命；而武當派這種內家功夫，可能練了十年都用不了一招半式，但是它愈練愈能厚積薄發，愈練基礎打得愈好，練成之後，威力無

窮。這就是學習中華智慧時所講究的「練內功」，不能急功近利，不能貪多圖快，一旦心急，就會愈學愈偏，愈學問題愈大！要做好準備，下二三十年的功夫，堅持天天勤學苦練。

現代社會什麼都要求「快」，科技進步飛速，彷彿稍微放慢腳步就會被人趕上、落後於人。這種求快的風氣造成了中華國學的沒落，因為要學中華的這套智慧需要用「慢」的步調，和當下這個快速前進的世界大相逕庭。那麼，我們為什麼學中華的智慧呢？難道不會耽誤寶貴的時間嗎？既然現在歐美各國的科技都已快速發展，難道不應該趕緊追上西方的腳步，甚至成為領頭羊嗎？

問題的答案，都在於——慢即是快，殊途同歸！學習中華智慧靠的是慢慢沉澱、厚積薄發，當思維改變成正知、正見後，行為模式也會隨之發生變化。以這樣的正知、正見去學習現代西方各個領域的專業，將會發現自身對知識的掌握力和理解力產生了翻天覆地的變化，更能迸發出巨大的創造靈感，接著才會有追擊、超越的可能。

易學通了，儒、釋、道必是全通！

如果易學不通，無論是鑽研任何一方面的國學，都不可能學成，更絕對成不了大師。不管是修佛、修道、修

儒、修中醫，還是用兵打仗、管理企業、從事教育，要想在某一領域成為大師級的人物，都勢必要走上「通易」這條路，易不通，就沒有資格自稱為學國學之人。

中華國學是「一通百通」的。但這可不是說只要其中一項通了，其他就能全通的意思。「一通百通」中的那個「一」，就是「易」，只要易通了，其他所有的中華智慧就都通了！以修佛這件事來說，佛法裡全是易的道理；以中醫來看，中華的醫理也全都在易裡頭，易不通，就看不懂《黃帝內經》，就不會運用《神農本草經》中的三百六十五味藥，因為這些藥理的搭配，全在五行八卦中。也就是說，若是易不通，就連藥都不會配了！

你或許會存疑，畢竟現在有好多的中醫不通易，一樣在配藥啊！或許他們確實對易一竅不通，但只要是現代當中醫的，所有配藥的邏輯，多是參考張仲景等古代神醫們留下來的古方，稍作修改而成的。那些神醫所研究出的醫理、藥理自出現以來，距今皆已數千年了，他們的藥方卻還能橫跨時間的長河，在現代持續發揮效用，這就是神醫之所以為神醫，因為他們能通易。

要通易，就必須把前面說過的基礎知識牢牢地掌握好，立下誠心，拿三十年的時間來學。這三十年可不是隨意拿捏的概數！要知道，十年一小成，二十年一中成，三

十年一大成，需要每天鑽研數個小時，堅持三十年方能有成。畢竟，就連孔子這樣超凡的聖賢，學易也花費了極長的時間，如同《論語·述而》中提到：

子曰：「假我數年，五十以學《易》，可以無大過矣。」

從這裡可以看出孔子學易的誠心，希望上天能夠再借他數年的光陰，好讓他能夠在五十歲左右通曉易，這樣一來，往後的歲月，也就幾乎不犯大過錯了！另外，《史記·孔子世家》中記載，孔子晚年熱衷於學易，時常讀《易經》，甚至因為太常翻看，讓串聯竹簡成冊的熟皮都斷落了，也就是後人熟悉的「韋編三絕」，顯示了孔子對易的喜愛與投入。

孔子修易，通達至「一以貫之」的境界，但他也是到了晚年才真正找到學易的感覺。所以，學易可要有十足的敬畏心，不能小看它，要擺正心態來學，慢慢地修。截至目前，在這裡洋洋灑灑說了上萬字，目的是給大家拋磚引玉，把一個大的框架呈現到眾人眼前，希望有心學易的有緣人在這個框架下能有所領悟，然後深入地修習下去。到後期，涉及到天干地支、五行裝配、相互生剋、八門、八神，以及各種方位、季節、時令、屬相的相互結合融匯時，一定會碰到諸多問題。但無須驚惶，因為這是一門艱深的大學問，只要感興趣了，就得去摸索，然後還要找到

明師為自己指點迷津、解答困惑。

　　孔子擁有過人的才智，但仍總去拜見老子，向其問道。只要老子這樣的明師稍加提點，孔子便能一點就通；後面要是再遇到問題，孔子就再去請教老子，如此不斷重複。聖人無常師，孔子也沒有固定的老師，他也不是老子真正的弟子，但是老子一直都在指點著他。他不拜老子為師，老子也不收他為徒，他們的緣分其實也就止於此。真正的師徒關係，就像戰國鬼谷子與其弟子蘇秦、張儀、龐涓、孫臏那樣，他們拜師後在山上一學就是幾十年，學成的時候都已過中年，但是一下山後個個都可以勝任大將元帥，統率千軍萬馬；或是拜成王侯公卿，以成就一番大事業。現代人享受著科技的諸多便利，反倒都沒有這種跟隨師父幾十年，在門下熏修得道的福分與福報了！

易學人生金句

中華國學是「一通百通」的。但這可不是說只要其中一項通了，其他就能全通的意思。「一通百通」中的那個「一」，就是「易」，只要易通了，其他所有的中華智慧就都通了！

150

第七章

八卦的說明書（上）
——《周易・說卦傳》第一～五章

易可分為《易經》與《易傳》，

其中《易傳》是孔子對《易經》的解讀，

如同為其增添了翅膀，故又稱《十翼》。

要學《易傳》，得先從〈說卦傳〉開始！

〈說卦傳〉相當於「八卦的說明書」，

透過學傳，就能知曉河圖洛書、先天八卦、後天八卦，

以及天干地支的時空轉化，領悟《易經》所言何事。

以下就〈說卦傳〉前五章一一說明。

第一節 〈說卦傳〉第一章

【昔者聖人之作《易》也，幽贊於神明而生蓍，參天兩地而倚數，觀變於陰陽而立卦，發揮於剛柔而生爻，和順於道德而理於義，窮理盡性，以至於命。】

☯昔者聖人之作《易》也，幽贊於神明而生蓍

「幽贊於神明而生蓍」中，幽，指「幽冥處」，就是常人無法看見的地方。贊，則指「幫助」。依〈繫辭傳〉中孔子所言可知，伏羲受到了河圖的啟發而作八卦，這就表示，聖人因為得到了神明的幫助，才能在沒有語言、文字的狀況下，把這套東西傳遞給後人。

這個「神明」並不是現實中的人，無法為人所見。而「蓍」就是「蓍草」，但這裡的「蓍」不僅代表蓍草，更代表一種演算的方法。聖人能把這一套智慧體系傳下來，便是在暗中得到了神明的幫助、教導，學會了用蓍草演算的方法。

☯參天兩地而倚數，觀變於陰陽而立卦

整個宇宙自然的變化是以陰陽為根基，你我身處的世界，是由無極生太極，太極再生兩儀，而兩儀即是陰陽，再從陰陽中生萬物。萬物在五行的作用下成形，即「一生二，二生三，三生萬物」的規律。

基本的八卦，每一卦都由三個爻組成，只有陰陽不成卦。陰陽分化出四象，再由四象生成八卦。立卦包含三個因素，其中陰與陽一個是「天」，一個是「地」，第三個是「人」。天地因人而立，天地本來就存在，但如果沒有人，天地的存在就失去了意義。有「人」才能有卦，所以一生二，二生三，然後才能生萬物。宇宙中萬事萬物的存在之所以具有意義，都是因為有「人」。沒有「人」就不能稱之為卦，頂多只是一種陰陽自然的運行狀態而已。

☯發揮於剛柔而生爻，和順於道德而理於義，窮理盡性，以至於命

　　陰陽代表天道，剛柔代表地，仁義則代表人；或者又可說天上的陰陽即為「陰陽」，地中陰陽為「剛柔」，人中陰陽則是「仁義」。「和順於道德而理於義」說的是天的運行規律，如何落地形成道德綱常；「而理於義」則和人怎麼追尋天地之間的道德有關。「窮理盡性，以至於命」說的便是儒家理學的「窮其理」，也就是「格物以窮

易學人生金句

大道變化的理中亦有易，也就是變化中還包含著不變的真理，若是不知道宇宙運行的規律，也不知道該怎麼順天、應地，那麼，人豈不就無異於其他飛禽走獸？所以，這就是聖人作《易》的意義所在。

理」、「格物以盡性」，之所以要格物，就是因為我們要知道自己是怎麼來的，還要知道自己未來的發展與命運，這就是「以至於命」。性和命兩者的意義就是教人開化，也就是聖人之所以要作《易》的意義。

〈說卦傳〉第一章的目的在於告訴我們，聖人之作《易》，是因其暗中得到了神明的幫助，才發明了這一套方法。生蓍的意義則在於表示出宇宙自然運行的規律，即是大道之理。大道變化的理中亦有易，也就是變化中還包含著不變的真理，若是不知道宇宙運行的規律，也不知道該怎麼順天、應地，那麼，人豈不就無異於其他飛禽走獸？所以，這就是聖人作《易》的意義所在。

《易傳》開宗明義地說，龍馬負河圖出黃河，讓伏羲看見了，這就是「幽贊於神明而生蓍」，就是聖人得到了神明暗中幫助的例子。關於神明，在前面講國學智慧、中華文明的真相中講了很多，上古的神把這一套智慧流傳給了後世，如《黃帝內經》、《道德經》、《山海經》、《尚書》、《禮記》等，這些上古之書都是神明留下來的。而透過這些神明所傳的大智慧，後世得以知曉文字與文句最早都是從《易》所出，也就是由八個符號不斷演化而生，一路從文字到語言，形成了文言文體系，最終成為了經典，也就逐步形成了中華文明。

第二節 〈說卦傳〉第二章

【昔者聖人之作《易》也，將以順性命之理，是以立天之道，曰陰與陽；立地之道，曰柔與剛；立人之道，曰仁與義。兼三才而兩之，故《易》六畫而成卦。分陰分陽，迭用柔剛，故《易》六位而成章。】

這一章講解「卦」，說明卦的起源，以及八卦之中三橫的卦、六爻的卦從何處來，同時闡述它們的意義。

「昔者聖人之作《易》也」，此句的作用為再次說明聖人作《易》與八卦的意義何在。而「將以順性命之理」一句中所強調的，便是「順天」。順性命之理，就是順天之道。接著「是以立天之道，曰陰與陽；立地之道，曰柔與剛；立人之道，曰仁與義」則是說明陰陽、柔剛、仁義三者都是陰陽的不同名稱。天、地、人三畫成卦，也就是說，一個卦是天，一個卦是地，一個卦是人，有了這三畫就成卦了。一生二，二生三，三生萬物，到三的時候成了定吉凶的八卦，由八卦再演化出六十四卦、三百八十四爻，繼續往後演化，才有了萬物的生成。

天和地是陰陽，光有陰陽還不算有形，還不能稱之為宇宙或整體，必須有人的出現，因人而生天地，不是說因為有了人才有天地，而是因為有了人，天地才有意義。而

卦就是為人定的，目的是為了使人上順天、下應地。

天之爻叫「陰陽」，地之爻稱「剛柔」，人之爻則為「仁義」。天、地、人三者合稱「三才」，「兼三才而兩之」說明這是一套三才，而兩個三才形成一個卦。「故《易》六畫而成卦」則指六畫卦的上面兩爻是天，下面兩爻是地，中間的兩爻便是人，如此一來又分出了天、地、人三者，所以這叫「分陰分陽，迭用柔剛」。而「故《易》六位而成章」中，「六位」就是指「六爻」，也就是初爻、二爻、三爻、四爻、五爻、六爻，這六者成了一個順序和整體，也就具有意義了。

易學人生金句

天和地是陰陽，光有陰陽還不算有形，還不能稱之為宇宙或整體，必須有人的出現，因人而生天地，不是說因為有了人才有天地，而是因為有了人，天地才有意義。

第三節　〈說卦傳〉第三章

【天地定位，山澤通氣，雷風相薄，水火不相射，八卦相錯。數往者順，知來者逆，是故《易》逆數數也。】

☯中華的定位

先天八卦上，有南、北、東、西這四方位，各有對應。南方在上，對應天，是乾卦；北方在下，對應地，是坤卦；東方對應火，是離卦；西方對應水，是坎卦；東南對應澤，是兌卦；西北對應山，是艮卦；西南對應風，是巽卦；東北對應雷，是震卦。

由此可見，八卦方位是「上南下北」，跟現代人慣用的方位不同。在現代國際統一的方位觀念裡，是「以北為尊」，所以北在前面，化作平面來看，就呈現出北上、南下、左西、右東的分布。

但是，自古以來，中華文化的方位概念是「上南下北」，且「以南為尊」，都是講究「坐北朝南」的方位。因為中國土地位於北半球，所以無論是房屋也好，帝王的座席也好，都是面朝南方、背對北方的。在中華文化裡，直接面對北方是不敬的！而且古人最重視的就是北，北面是神所在的位置，擁有至高無上的主宰地位，所以在定方

位時，一定要先找到北，也就是務必要先找到北極星。

北極星又稱為「紫微星」，由紫微大帝主宰，方向是背北面南。背北的意思就是指「我的背後是北」，代表著我的主宰、大靠山在我的背後，正在加持著我；面南之意，顯而易見的，就是指「我的臉向著南方」。兩相對照下，就體現了尊卑之間的差異——面向南方，但是背對著北方，因為北是最令人尊重的，是靠山，更是主宰。所以，重要的星全在北方，其中北極星就是我們的主星。

北極星的主星地位，可以由道教煉丹傳統的概念得知。古人認為，人體內的兩顆腎臟，一左一右，就像兩個車輪一樣相互配合運轉，加上以五行的觀念而言，腎臟屬「水」，故又將腎臟稱為「河車」。而北方屬「水」，所以中國古代方位學中的「北方河車」指的便是天河之水的發源處，也就是北斗七星；接著，沿著北斗七星的斗口方向延伸一段距離，就能找到北極星。

一定要記住，若要學傳統文化，不管是學風水還是中醫，都務必記住這個方位——上南下北，左東右西。在中華傳統的觀念中，以左為貴，萬物的生發正是從東開始。掌握了這個規律後，若是將之使用在繪畫的布局時，就得注意，要小心別弄反了！切記別用西方的那套方位概念來布局，否則就會形成上北、下南、左西、右東的分布，正

好跟中華的方位相反。畫卦的時候，定出正確方向是起步的重點，舉例來說，太陽從東昇起，在西邊落下，如果畫反了，原本太陽東昇的好兆頭，就會變成日薄西山的遲暮之感了！

用在風水學也是如此，要活用「上南下北」，也就是「前南後北」的概念，並且一定要牢記，以自身為中心，面朝著的方向是南，背對的方向是北，左邊是東，右邊是西，這是永不改變的規律。釐清這個概念後，就能知道所謂的「天地定位」為何，而所謂「天地」就是乾坤。

☯先天八卦

先前我們曾經稍加介紹過先天八卦與後天八卦的分別，這裡再針對先天八卦的特性做較為詳細的介紹。

先天八卦之所以得此名，正是因為它代表任何事物成形之前的狀態，這就叫「先天」。萬事萬物生出來了以後，才會開始經歷成、住、壞、空等四劫，也就是生成、茁壯、衰敗、空亡這四個階段，指事物成形後的狀態，即為「後天」。孔子在《易傳》中所說的，就是先天八卦的對應與成形，那麼，事物具體來說是怎麼成形的呢？

前面講了很多的理，但其實都不離陰陽──無極生太極，太極生兩儀，兩儀生四象，四象生八卦，是這樣來

的。兩儀就是陰陽，等變化到四象這個階段的時候，事物就已經成形。先天八卦所說的就是四象之前的陰陽變換，經此變換後方能形成四象，待四象相互作用後，最後就形成了「五」，也就正式「成形」了！這就是為什麼萬物「以五為根基」的原因。以人類的感情來說，就像是一對初萌情愫的年輕男女，此時彼此感情都處於朦朧的狀態，就是「無極」；再來這兩人互生好感，相互試探，這就叫「渾沌」；直到兩個人相親相愛，合到一起了，就成了「太極」。太極以後會生兩儀，這就代表太極相合，心念一動，父精母卵和合而成，也就是有「物」了。而這一物也就能分裂了，即所謂的「分陰陽」，陰陽有四象，四象在母體當中不斷地孕育，與木、火、土、金、水不斷相合，相互作用，後面便形成一個小胎兒。小胎兒一出生的時候，完整成形、落地，就叫「五」。

簡言之，一切從一開始，化生成父母，然後受精卵分裂形成陰陽，接著經由四象運作，在母體內運化，出生了以後形成一個獨立的生命體，就是五。五是天地之根基，這正是孔子所述先天八卦的意義所在。

☯天地定位

天地定位就是萬物生存的基礎，那麼，「天」在這裡代表什麼呢？是抬頭仰望所見的藍天嗎？還是無數星辰所

屬的那個天河呢？而「地」又代表著什麼呢？如果無法將天地定位，萬物就永遠都是渾沌的，即使成了形，也是雜亂又毫無秩序的，不具有任何意義。易就是在講天地，所以，要真正通易之理，必須先通天地。

有好多學習奇門遁甲、梅花易數的大師研究了一輩子，就算繼承了極深的家傳淵源，但最後還是可能對「天」一無所知！不通天地的學易之人，儘管排出了九宮格、天盤、地盤與人盤，也能順利起卦，但到了解讀卦位、卦象的階段時，就會發現他都是拿著沙盤、紙筆運算，都只停留在「地」這個層面，因為他根本就不知道天是何物。所以，不通陰陽，只知陰而不知陽，只知有地而不知有天，那怎麼能夠去算呢？

☯八卦相錯

有天地之後，就有陰陽、生四象，接著就可看所生成的八卦是如何對應的。東南是「兌卦」，所對應的是屬山的「艮卦」；西南是「巽卦」，屬風，它對應的是「震卦」。如此兩兩相對的關係，就稱為「相錯卦」。接下來進一步解釋何謂「相錯卦」。

這一對一對的卦，一共有四對：南北相對、東西相對、東南和西北相對、西南和東北相對，這樣兩兩相對的

關係是一種相互作用，彼此之間互為陰陽。舉例來說，風和雷互為陰陽，就是「風雷相薄」；東代表離卦，是火，西就是坎卦，是水，這種相對狀況便是「水火不相射」。這裡所說的「射」就是不互相謀求之意，具有對立性，同是也存在互搏、互動的關係。也就是說，風和雷是對立的，水和火是對立的，天和地是對立，澤和山是對立的。

高聳入雲的高山，是地上有形之物；澤就相當於江、河、湖、海等低窪之地，屬水。由此可見，山和海兩者，彼此就是對立的。先天八卦以天地來定位，孔子所要表達的，即是天地之間的陰陽，可能有數種對立互動的形式，包含風雷、水火、山澤等。其中「風雷相薄」就是大氣中的活動，高壓向低壓流動，就形成了風；在流動的過程中，風彼此衝撞、摩擦，也就是「相薄」，進而形成了雷電。這就是風和雷互為陰陽的關係，即「相錯」。

只要是相互對應的卦，例如風、雷的陰爻和陽爻，位置正好是相反的。再以天和地來說，天是三個陽爻，地是三個陰爻，每一爻都相反；又或者，離卦是火，中間是一個陰爻，兩邊是兩個陽爻，與之相對應的坎卦則是中間為陽爻，兩邊又是陰爻，完全錯位。因為相錯，所以才是陰陽相對；倘若兩者合在一起，那就是陰陽相合了。

而艮卦、兌卦的相對關係，則能夠用來解釋「山澤通

氣」，即水氣升騰、下降、滋潤，然後再度入海的過程。以自然界的循環來說，就如距海遙遠的喜馬拉雅山上，水蒸發為水蒸氣後，水氣上升，越過高山，然後再凝聚、下降。這過程不僅潤澤了高山，使植物生長；當水順著河流而下，重歸入海，又等於把山的土氣帶向了大地，使其更加肥沃。如此一來，就達到「山澤通氣」，整個大陸就會生機勃勃。

升騰的水氣其實就是風，因為氣壓不同則生成雷，再由雷而生火，接著因為水火不相射，而再降下雨，雨又變成水，這就是「離」和「坎」的關係。天地之間，由於陰陽二氣相互作用、交錯，才形成了萬物，地球的生態系統其實也是由陰陽兩者搏擊、互動所形成的。

接著再來看規律，這牽涉到數理。由天數「一」做起始點，以逆時針方向旋轉，依序可得知兌是「二」，離是「三」，震是「四」，這就是天澤火雷；到了震，不繼續往下轉，直接跳到巽，巽便是「五」，自此就換成順時針方向來看，依序可得知坎是「六」，艮是「七」，坤是「八」。從數字一至八，呈現的就是八卦，但是，八卦是陰陽互動、相薄，它還不能成物，直到八卦九才能成功。

而九就在中間，因為其相對應的天數是一，地數是八，一加八就等於九。以兌卦來看，兌為澤，代表二，它

對應的艮為山，是七數，則二加七等於九。又如離是三，它對應的坎是六，則六加三等於九。再以震卦而言，震為雷，是四，與巽卦相對，而巽是風，代表數字為五，即可知四加五等於九。所有相對的卦象，若將其對應的數字相加，總和全都是九，也就是說，先天八卦當中暗含著九數。至於這個九數的來歷，就是源於天地之間，陰陽形成之後生成的四大類能量，相互運作、對抗，遵循這種相生相剋的關係所形成的，一個物體要得九才成形。

我們常說左青龍、右白虎、南朱雀、北玄武，陰陽二氣叫風雷，風雷互動就是青龍，如此便是以先天八卦直接配合先天之四象的結論。萬物的生成必得有先天，然後才能有後天，先天之數則是九。

萬物皆有靈又有形，形靈相合才是一個完整的物體。靈用九來表示，代表靈成形了；形用五來表示，代表事物成形了。一個是九，一個是五，各自象徵神靈與先天，代表著形靈合體。以先天八卦配合後天八卦，一個形就出現了，這就叫水火不相射、八卦相錯。而將錯位一一對應，就是陰陽。

❷數往者順，知來者逆

若要解釋「數往者順，知來者逆」的觀念，需要透過後天八卦。後天八卦的方位中，南是離而不是乾，北是坎

而不是坤，為什麼會有這種差異呢？因為先天八卦是事物形成之前，為了形成事物，幾種能量不斷對抗、融合；最終形成有形之物後，那就不同了！這個就叫後天八卦。

「數往者順」中，「往」是「未來」，意即要知道未來的事，就得順著這個來。「知來者逆」中，「來」是「過去」，這一句說的其實就是先天八卦、後天八卦，若想知道一個事物成形之後直到終結的過程中，所經歷的成、住、壞、空，就得順著卦來，用後天八卦來測。後天八卦是從左手邊，也就是從東方的震卦開始，依序是巽、離、坤、兌、乾、坎，一直到艮，後天的事物要生成，便是依順時針方向由震卦開始。震卦代表一陽初動，代表事物形成了以後，開始作用於世間，接著進入生育、發展的階段，到離卦時最為壯大，兌卦則是最為萬物所喜的正秋，再往下到坎卦的時候，就逐漸敗空。這樣的過程就叫「數往者順」。

要知道事物的源頭，要用「逆」，也就是用先天八卦，即所謂「是故《易》逆數也」。而先天八卦的順序則是由逆時針方向來看，天乾是一，澤兌是二，火離是三，雷震是四，五、六、七、八則不去看，因為天乾對應的就是地坤，一對應八，二對應七，三對應六，四對應的就是五，其實先天八卦就是依據這四個象，與之對應、互動來形成物的，這就叫「知來者逆」。

　　所以，學易得從先天八卦開始，先掌握事物形成的根本，接著再研究後天八卦代表的含義。也就是說，學易就要從逆數來，而逆數就是先天。先天八卦、後天八卦中包含很多的學問與對應的奧祕，它涉及的是宇宙的規律，不外乎就是萬事萬物生成的道理。就像每個人長大以後身體是否健康？際遇是否安好？這些便是由每個人的先天遺傳加上後天環境的影響，彼此交互作用，就形成了每個人思維、行為模式的不同，最後注定各自截然不同的一生。

　　也就是說，若是先天遺傳的事物，必須從先天八卦來了解；後天生長的發展過程，必須從後天八卦來了解。

易學人生金句

學易得從先天八卦開始，先掌握事物形成的根本，接著再研究後天八卦代表的含義。也就是說，學易就要從逆數來，而逆數就是先天。

第四節 〈說卦傳〉第四章

【雷以動之，風以散之，雨以潤之，日以烜之，艮以止之，兌以說之，乾以君之，坤以藏之。】

這段所言即為先天八卦，就是事物在形成之前，陰陽互相轉化，具備了四象後才有了「五」這個形。以下就先天八卦的成形、運作特性分別敘述。

☯乾坤定位

首先，「雷以動之，風以散之」，指驚天的雷聲可以震動萬物，四處流動的風則可以傳播萬物；「雨以潤之，日以烜之」則是說，雨是水，能夠滋潤萬物，而日就是能夠使大地乾燥的火；「艮以止之，兌以說之」一句中，艮代表高山，而兌是地勢較平的窪地，也就是澤；再來是「乾以君之，坤以藏之」，君是「主宰」之意，坤則代表「包容」，說明了萬事萬物的形成，必須先有乾。乾為父，坤為母，乾父坤母，這就叫乾坤定位。

乾卦與坤卦又稱「父母卦」，有了父母才有了雷震、風巽、山艮、澤兌、水坎（雨）、火離（日光）等六個子女，這就是先天八卦。先天八卦以天為尊，以乾為南，以坤為地、為北，天和地一旦定位了，風和雷相激盪，水和

火不相射，山和澤上下通氣，天地之間的六個能量場便形成三對不同性質的陰陽互動，兩兩相應，最後產生了萬事萬物。

☯卦象特性

學習中華傳統星象學的時候，也需要用到河圖洛書、先天八卦與後天八卦的基礎觀念，因為星象學中的三垣、四象、二十八星宿的所在方位，也符合先天八卦及後天八卦的規律。天象中的星根據八卦的順逆在運轉，順八卦，萬物成形；逆八卦，就能找到已經形成的事物的起源，也就是事物最底層的設計，便能透過最原始的陰陽排列組合來調整。調整了以後，那後天八卦就會變。而後天八卦一旦改變，現實也會一併產生變化，因為現實都是順著後天八卦來的。

動、散、潤、烜、止、說、君與藏，這八個卦象的含義就在於，陰陽在消長互動、相互轉化的過程中，具有不同的特性，但這種特性不是固定的。如「雷以動之，風以散之」，雷和風有動有散，這是一種特性，同時也是構成萬事萬物非常重要的「木性」。木性的含義就是生發，而雷和風都是有木性的。有木性的風雷，春天時隨著驚蟄開始作用，萬物形成的週期便隨之啟動。以雷為始，風雷激盪，接著就會出現火性，展現光亮、光明、凝聚、向上的特質，這就是火，也就是所謂「日以烜之」。一旦有了

火，接著就得有雨、水與之相剋，因為水與火不相射，正好是陰陽兩面。

前面所說的雷、風、雨、日這四者都是象，雷是動象，風是散象，雨是水象，日是火象，即「四象」；後面止、說、君、藏四者則是「卦義」。首先，山有「止」的意象，兌卦代表「澤」，也就是江、河、湖、海等低漥處，湖水蕩漾會給人一種特別歡快的感覺，所以叫「兌以說之」；接著「乾以君之」代表乾是萬物之主宰，「坤以藏之」則顯現萬物之深藏包容。當天地具備了這八個特性，父母卦與六個子女卦相互配對、融合，就形成了四象。四象平衡之後，就有了五，也就成了「五行」，萬物也就形成了。

在這一章中，孔子所要講的，就是這陰陽互搏、相互融合，而使萬物成形的過程。

易學人生金句

天和地一旦定位了，風和雷相激盪，水和火不相射，山和澤上下通氣，天地之間的六個能量場便形成三對不同性質的陰陽互動，兩兩相應，最後產生了萬事萬物。

第五節 〈說卦傳〉第五章

【帝出乎震,齊乎巽,相見乎離,致役乎坤,說言乎兌,戰乎乾,勞乎坎,成言乎艮。】

☯後天八卦

後天八卦代表萬事萬物已經成形,有了成、住、壞、空的過程,即所謂「後天」。後天有形,而先天則是無形的。這段所講述的便是後天八卦的起用。

首先看「帝出乎震」一句,震主東方,是生發之始,而後天八卦就從震卦開始。震就像春天一樣,代表春分,此時萬物即將萌發,有了生機;「齊乎巽」代表從東方開始後,萬物整齊地向上生發的過程,可以想像成小草奮力向上生長、生氣勃發的樣貌;「離」指「中午的太陽」,「相見乎離」則指萬物最鼎盛時期,在光亮下得以相見;到了「致役乎坤」時,陽已經到了頂點,逐漸顯現衰退的跡象,陰已經開始萌生;接著到「說言乎兌」的階段,西方兌卦主金,表示該收穫了,此時陰陽互搏;「戰乎乾」則指陰陽相互搏擊的過程中,陰的勢力愈來愈強大,陽則開始消退、愈來愈弱的現象。如四季中的秋天就是這種狀態,殘暑留下的熱空氣、初冬漸生的冷空氣兩邊在深秋時

開始搏擊；到了「勞乎坎」，陽氣基本上已經被耗盡，「勞」就是極度疲勞的狀態，此時水，也就是北方的寒氣來臨，陰逐漸強盛，有形之物就開始凋零；最後，來到了艮，「成言乎艮」中的艮就是指「山」，屬土，而在五行之中，坤屬土，艮也屬土，均歸於土下。「成言乎艮」則指萬物已經到了深藏的階段，也就是到「空」的狀態了。但空不代表一無所有，它是極度疲勞後澈底的休息，這段休息的過程等於準備再度孕育陽氣，要開始「動」了，表示事物將要有萌芽的態勢。

生命體從震開始，中途經歷巽、離、坤、兌、乾、坎，一直到艮，這段過程就是生命體由生到空所形成的一個迴圈。由艮再到震，這個循環再度啟動，一陽初生，再出土，再到巽，再到離，又生長一輪的時候，建立於前一個生命的基礎上，一個新的生命又開始了。

西方智慧講求的是直線性的邏輯思維，事事皆講求因果，實現目標時就是「起點」到「終點」般兩點一線，有始必有終。中華智慧則是一種循環往復、生生不息的「圓」，是一個無限的迴圈，沒有始也沒有終，因為終即是始，始即是終，這樣就能長久。在中華的智慧體系下，事情一定不走極端；但以西方的觀念來說，好就是好，壞就是壞，對就是對，錯就是錯，善就是善，惡就是惡，沒有

迴旋的空間。

這裡再引一段〈說卦傳〉第五章的文句，對於這種「無始無終」、「終即是始」的循環將知之更詳：

【萬物出乎震，震，東方也。齊乎巽，巽，東南也，齊也者，言萬物之絜齊也。離也者，明也，萬物皆相見，南方之卦也，聖人南面而聽天下，嚮明而治，蓋取諸此也。坤也者，地也，萬物皆致養焉，故曰致役乎坤。兌，正秋也，萬物之所說也，故曰說言乎兌。戰乎乾，乾，西北之卦也，言陰陽相薄也。坎者，水也，正北方之卦也，勞卦也，萬物之所歸也，故曰勞乎坎。艮，東北之卦也，萬物之所成終而所成始也，故曰成言乎艮。】

首先就震、巽兩卦來解釋。「萬物出乎震，震，東方也」一句中，東方代表生，太陽由東昇起，萬物都是從震開始，東主生發，而震卦在五行當中屬木；「齊乎巽，巽，東南也，齊也者，言萬物之絜齊也」則表示東南風興起，萬物開始生長，種子在大地當中才剛冒頭。而在事物的發展過程中，巽卦代表「東南方」，象徵事物已經生成，進入了成長的階段。

到了離卦，也就是南方，而「離也者，明也，萬物皆相見，南方之卦也，聖人南面而聽天下，嚮明而治，蓋取諸此也」說的就是離卦「光明」的特質，此時萬物都已經

172

長大。「南方之卦也，聖人南面而聽天下」則是說古代帝王必定面南背北而坐，以南為尊，形同「嚮明而治」。正因南面代表「明」，所以古代的房子都是坐北朝南，於北面砌高牆擋住寒風，南面則是向著溫暖的日光。中華文化在地以南為尊，在天則以北為尊。有句俗語說人「找不著北」，就是指人不懂天道，只知道一個勁兒拿個羅盤找方位，只知地而不知天。地的運行以天為根基，天道才是主宰，地則主深藏。不知天就等於不知道萬物如何生成，只知道後天運轉的理。

「坤也者，地也，萬物皆致養焉，故曰致役乎坤」所言，則是大地滋養眾生，如一個勞累母親般的情態。在傳統社會中，男主外，女主內，父親在外打拚賺錢，媽媽則在家從事「家事勞動」，從早到晚為家人操持家務。但是母親的付出多是無形的，不是外顯的，母親對家人的關心、嘮叨全都是「致役乎坤」的表現。坤卦的特性就是「包容」，它勞碌、勞累，承載生養萬物的責任。草木扎根於地，山石壓於地，野獸與人立於地，甚至連江河、湖泊等水系也需要以土地為根基，萬物都離不開土地。雖然疲累，但仍默默包容，這就是坤卦的母性。

待萬物生長成熟了，就進入「兌，正秋也，萬物之所說也，故曰說言乎兌」的階段。兌卦屬金，乾卦也屬金，此時是萬物極盛之時，是果樹秋實之際。而「戰乎乾，

乾，西北之卦也，言陰陽相薄也」指到了乾卦，萬物生長已經進入將要由極盛轉衰的時候。此時寒氣、熱氣互搏，注定整體的方向要往「深藏」邁進。接下來就進入坎卦，「坎者，水也，正北方之卦也，勞卦也，萬物之所歸也，故曰勞乎坎」就是說明在坎卦時，主生發的陽氣戰累了、不動了，是果樹落果之時，陽氣已盡。勞卦，即指非常疲勞，動不了了，萬物之所歸也，這就是坎卦的意義，也是後天八卦正常運行的狀態。

　　如前所言，「艮，東北之卦也，萬物之所成終而所成始也，故曰成言乎艮」一旦行進到艮卦，就代表新的萬物又要成形了。前面的事物在迴圈的過程中已經到了「空」的狀態，新的事物由東北開始生成，即「所成終而所成始也」。從歷史上來看，一方霸主要想建國，大多都崛起於東北或西北，其實也挺符合這個卦象。中華的歷史上，從南往北打，且能打勝仗、統一天下的例子太少了！多是從東北、西北或者正北出發，由北向南征伐的能打勝仗。北代表「力量」，而東北對應艮卦，艮卦主「生成」，生成就是力量的起始。舉例來說，努爾哈赤從東北入關，統一全國；元代的成吉思汗也是在東北起兵，征戰版圖橫跨歐亞大陸。但世界歷史上戰爭的勝敗受多種因素影響，上述多屬巧合。

所以〈說卦傳〉第四章講的是先天八卦的形成，第五章講的是後天八卦的起用，以及後天八卦形成萬物以後，成、住、壞、空的規律。所謂「數往者順，知來者逆」，而「數往者順」就是先天八卦；「知來者逆」就是後天八卦。易，逆數也，以先天八卦為開端，可知早在事物成形之前，易就已經開始作用了。

那麼，若身處地球的南半球，這套北半球使用的方位論，還能放之四海而皆準嗎？這就是下一段所要釐清的。

☯是方向、方位、順序，也是時空的節點

中國的中原地區在北半球，所以說到「光明」，必定朝向南邊，但這僅為象徵意義，不能說南方就一定代表光明。比如說，赤道周邊的國家，太陽彷彿從早到晚都在頭頂上，這樣一來，南方就不能代表光明了。若是身處南半球，太陽是在北面，中午的時候太陽卻從南邊照進來，那麼，光明面究竟是在南邊還是北邊呢？要釐清，古人說的方位可不僅僅代表現實中的方向！

學八卦的時候，方位也得記熟，因為必須知道方位所代表的意義。你也許會好奇，到底東南、西南這些方位，是不是就等於地理上的方位呢？答案饒富玄機——也是，也不是。古老的易學智慧裡，所謂的方位不僅指現實中的

東、南、西、北等方位，代表的也不全然是方向，而是一種順序，更是一種時空節點。

學易時，不管是卦象、爻辭還是其他道法的運用，對方位意義的掌握都很重要。方位牽涉到法術的施用、風水的探勘，甚至連人體臟器都有對應方位，使用中醫來治病也要對方位的深層意義瞭若指掌才行。如果認為方位就只是方向，那就是「找不著北」了！方位的含義，在起用時絕對不是「拿個指南針定個方位」那麼簡單的事！由此也可見微知著，孔子作的《易傳》太重要了，其中可不僅僅是理，還有更深層的含義，如果連理都不通透，遑論起用道法、風水術、中醫學這些技術了。

易學人生金句

古老的易學智慧裡，所謂的方位不僅指現實中的東、南、西、北等方位，代表的也不全然是方向，而是一種順序，更是一種時空節點。

第八章
八卦的說明書（中）
——《周易・說卦傳》第六～十章

如果一個事物有先天缺陷，就要補足先天，

如此一來，後天的發展自然就順了；

若想要改變現狀，就得調整過去的疏漏處，

化解之後，當下與未來都能好轉。

這就是先天八卦、後天八卦起用的「理」，

而有「易理」亦有「易術」，

進入先天調整人、事、物的方法，就叫「術」，

即是接下來第六章至第十章所要講述的內容。

第一節 〈說卦傳〉第六章

【神也者，妙萬物而為言者也。動萬物者莫疾乎雷，橈萬物者莫疾乎風，燥萬物者莫熯乎火，說萬物者莫說乎澤，潤萬物者莫潤乎水，終萬物、始萬物者，莫盛乎艮。故水火相逮，雷風不相悖，山澤通氣，然後能變化，既成萬物也。】

〈說卦傳〉前五章所講述的是八卦的運行，也就是萬物形成的規律。萬物的形成是先天八卦的作用，透過陰陽的八種能量場相互作用，才形成了後天的形或物；後天的形或物有了，它就要以符合「後天八卦」的規律來運行。

☯形靈俱有，才是「真」

〈說卦傳〉講易，為言者，言為正，揭示八卦當中蘊含的真正規律——任何一個「有情之物」都是由陰、陽兩部分相合所形成的整體，必有陰、陽兩面，有形又有神。形又稱「陽」，顯化於外；神則是「陰」，就是內在的靈。現代人最大的問題是不知道有神靈，只知道有形。當一個事物有形，就代表它是「存在」的，是「活」的，如死人與活人之間有顯著的差異。活人有色、受、想、行、識的五蘊，不僅有形還有靈，而靈也稱「神」。形靈俱有的，是活人；而死人只有形，卻沒有靈。第六章在開頭就

直接闡述「神也者，妙萬物」之理，有了神，萬物才會生出妙有，而妙就是「活力」。「而為言者也」就是在講這個道理，這是最正的。

人、植物、動物，甚至是山河大地、日月星辰都有生命，都有神，因為有了神，萬物之中才有玄妙，才是「活的」。宇宙當中的人、事、物，這世間萬有，只要是有情眾生、有情之物，一定有形和靈。一段感情、一個目標看似很抽象，但其實當中都有靈！一段感情之所以能夠刻骨銘心，一場戰事之所以成王敗寇，本身也有它的形和靈。

有了神，萬物才玄妙。而所謂的「妙」則指因為有了變化莫測的神，決定了人、事、物的起始、生長、發展、壯大，一整段成、住、壞、空的經歷。形是「外」，神是「內」。因為有了神，神在變，萬物也要變，形以神為根本，形會跟隨神一同產生變化。

你是否知道自己是誰呢？這裡所謂的「是誰」，並非姓名、肉身、外貌等這樣表淺的認識，如果只以上述條件來判斷自己是誰，那就是以假為真了！是男還是女、是聰明還是愚鈍、是健康還是孱弱……常人總是為自己下各種定義，想藉由各種標籤顯現自己，但這些都不是真實的，只是表層的、外顯的「形」。萬事萬物，只要是活的，就是有情之物，一定同時具有形和靈，人的「自我」也是。

我們天天照鏡子所見到的肉身就是形，只是靈、神外面披著的一件外衣而已，並非真正的自我。而這件外衣也遵循著「形隨神、靈變化」的規律，健康與否、幸福與否、成功與否，這些都是根據自身神和靈來變化的，是靈在體內起作用後，呈現在每個人肉身上的結果。人都會面臨衰老、患病等苦痛，但這飽受折磨的肉身都不是真正的你。因為，內裡的那個神或靈才是真的你，你的一切都是它在主宰，即所謂「真我」，所以修道也叫「修真」，修的便是真我。

這一章的重點就在於，我們得掌握神、通達神，然後才有可能妙萬物，得萬物之妙也。要學易，才能透過占卜去預測，進而得知萬事萬物的發展趨勢和結果。

☯八卦是神的語言

聖人之所以作八卦，就是為了「以通神明之德，以類萬物之情」。透過學易，就能跟你我的神靈聯繫，甚至與之溝通。既然內在神靈是每個人命運的主宰，要是能跟它溝通，直接問它某一事的成敗與好壞，結果一定不會出錯！學易的大方向其實既簡單又直接，也就是透過八卦的不同排列組合，將內在的神性體現出來，學習和「神我」或者「靈我」溝通的技巧。

易學之所以困難，正因為這不是人與人對話的語言，而是人與神對話的語言。學易這套體系，就相當於在學一門新的語言，才能夠與相對強勢的對象溝通。就像現在英語是強勢語言，全世界都必須學會英語一樣，別人的語言普及率比我說的語言更高，為了溝通，我就得學別人的語言，不就是這個道理嗎？

　　八卦是神靈的語言，和高高在上的神靈相比，肉身的人就是較為低弱、被動的，神靈才是主宰。但是，形和神的關係可不單純是世界上「強勢語言」與「弱勢語言」，或者「強勢文化」與「弱勢文化」之間那種能夠轉化、變動的關係；畢竟強國可能衰弱，弱國也可能崛起。肉身、形體的我，與神我、靈我之間沒有轉化可言，神我、靈我就是主宰，肉身的我就是奴隸，認清並順服這個道理，就是「以通神明之德」，得學會神的語言才能跟神溝通，因為神不會紆尊降貴去學凡人的語言。神是「高級的我」、「高維度的我」，肉身的我是「較低級的我」，找到「神我」，並且與之溝通，再對它提出要求，它一定是百求百應，這就是定律、規律。

　　八卦是一種能讓我們與「高我」、「神我」與「靈我」溝通的語言，而這套溝通的方式便藏在經典裡，孔子

稱之為「繫辭」，與神明溝通的方式則稱為「射卦」。

◉溝通只是基本門檻

那麼，該怎麼找到那個「高維度的我」呢？這就絕對是「密傳」的功夫了，可不是於此藉著簡易的文字廣傳就能直接揭曉的。接著再問，那個所謂的「高維度的我」究竟能不能找到呢？答案就清楚多了——當然能！但得要「有緣」，以及「有意願」。也就是說，得先把八卦這套與神靈溝通的語言學好，假以時日得遇明師傳授所學，屆時就能直接溝通以找尋真我了！

但此處必須釐清，就算學會了八卦這種語言，仍有可能學不通易，找不到真我。畢竟，以「學英語」這件事情來說，在人人精通英語的前提下，誰也不能保證是否人人都擁有前往美國名校就讀的機會。但作為基礎中的基礎，勢必要先學會語言，才有機會競爭。之所以要找到真我，並且和高維度的我溝通，目標便在於此。

歷史上學易的人多如牛毛，但並不是學了易就能用，也不是學了就能擁有大神通。再以國際語言來類比，想藉由學好英語，藉此考上歐美名校者眾，但是真正能錄取的不多，能學成畢業的更少。同樣的道理，自古以來修道的人多，要找真我、和真我溝通的人也多，其實目的就是為

了「修行」。為了找到真我並與之溝通，做為鋪墊，就得學易、學八卦。在多不勝數的學易之人中，僅有極少數能找到真我並與之溝通，而溝通之後能繼續修練的，則又更少了！

「神也者，妙萬物而為言者也。」這為言，是為神言。得神了以後就妙萬物，就能掌握萬物之妙。學《易經》的目的就在於要掌握萬物之妙，進而掌握自己的命運和事物發展的規律，才能改變它且得到想要的結局。找到那個神，因為神才真正是萬物之妙，才是萬物的緣起與主宰。「而為言者也」這麼簡單的一句話，卻有極深的含義，先學會和神溝通的語言吧！

☯動萬物者，莫疾乎雷

迅雷不及掩耳，雷就如春的信使，以疾速的驚雷昭告天下春的回歸，喚醒大地，使萬物復甦。雷聲來了，意味著冷、暖空氣開始交會，陰陽二氣互搏，即風雷相薄，意味著寒氣將被熱氣驅散，這搏擊的過程中就有雷。雷聲是陽氣的爆發，能驚動萬物的唯有春雷。雷所對應的是「震卦」，代表萬物萌生的春分。

使用神的語言跟高維度的我溝通，要用繫辭。繫辭是一種形象化的表達，畫一個震的符號，告訴神靈「我想

要一段感情」、「我企盼某事發生」，感情是後天要發生的，是後天八卦，而訴求中所指某事為何？感情的對象為何？都是有所對應的，後面會再詳述。神不認識震字，也不認識雷字，凡人要表達訴求，就得先畫這一個神能明白的符號。

　　震仰盂，下面這一橫就是陽，上面是陰，一陽初動便是震卦。萬事萬物的開始、生發，全都是用震卦符號表示。神一旦明白了，就會開始為有所求者在「先天八卦」創造機會。舉例來說，現在某人可能苦尋不著成家的對象，總是情路不順，那必定是先天有問題，才使正緣無法生發。如此一來，就要先去看先天八卦，從中看出天地是否有問題，定位是否準確，接著再看山澤是否通氣，風雷是否相薄，水火是否濟濟等。水火不相射，是水把火淹滅了？還是火太大把水烤乾了？如果陰陽不平衡，天地不定位，風和雷不相薄，一切都靜止了，事情就根本成不了；或者水火互相不能濟濟，山和澤不能通氣，這個事也成不了。任何事情要想讓它生發，一定要將先天八卦調順；調順之後，萬事萬物以震卦為起始，後面才是按照八卦的走向，讓這段感情碰撞出來。

橈萬物者，莫疾乎風

　　橈，是動詞，指「擾亂」。春雷乍到，一陽初動，風

大面積地吹，暖氣已至，陽氣漸生。春天所呈現的是大面積新綠的景致，站在高處眺望遠景，眼前所見正是一片的綠，這就是風的特性。陽氣初生、事物成形後，發展的第二個階段就是散開，風的作是即是「吹拂」，也就是將萬物吹散、四處傳播。所以「橈萬物者，莫疾乎風」，指風吹拂萬物最為迅速，且無孔不入，被風開散、生養的事物都會蔓延得很快。

而風對應的便是巽卦，萬物齊於巽，風使得所有生命一齊生長、散播。當一段感情開始後，不知道接下來會如何發展，便求助於神，在與神溝通時，不能直接以人的語言表達，必須畫出一個「巽下斷」的符號。

☯燥萬物者，莫熯乎火

事物發展的第三個階段為「離」，離卦對應的是「火」。火具有炎熱、升騰的特性，事物發展到此階段，呈現較為壯大的狀態。如同春天時萬物新綠、萌芽後，下一步就邁入烈日炎炎、太陽高照的夏至，也就是離卦，此時萬物生長壯碩。「燥萬物者，莫熯乎火」所顯現的便是夏至的特性，而「熯」就是烘乾、焚燒的意思。夏至來臨，陽光熾烈，寒氣已散去，熱氣、陽氣占了上風，進入「離」的階段。

而離的八卦符號為「離中虛」。上下兩邊皆陽，代表陽氣上升，表面都被烤熱了；「中虛」則表示中間還沒有熱透。離這一階段的特性即是「乾燥」，萬物發展至此已壯大到了頂點。

☯說萬物者，莫說乎澤

說，即「喜悅」之意，澤之所以能代表喜悅，可以由它的位置得知。兌卦對應「澤」，事物發展到兌卦的階段，就進入秋分。秋季是收穫的季節，而澤代表的是湖泊、江河、大海等低窪之地，風吹拂而過，使水面歡快、喜悅地躍動。秋高氣爽，當人、事、物發展成熟了，此時萬物最是喜悅。此一象徵收穫的兌卦，在後天八卦中運用的符號便是「兌上缺」。

☯潤萬物者，莫潤乎水

萬事萬物壯大後，陰氣、冷空氣就來了，也就接著進入「戰乎乾」的階段。當冷暖、陰陽相戰，若是陽氣抵不過陰氣，下一階段就會進行到該深藏的「坎」，以節氣而言，就是寒氣、水氣占主導地位的冬至。坎卦對應的是「水」，水向下滋潤，是生命不可缺乏的要素，同時也具有寒性，當陰氣開始搏擊陽氣，進行到坎卦時，陽氣會完全被陰氣覆蓋。坎卦的符號「坎中滿」，便呈現出其「深

藏」的狀態。

從四季的輪替來看，春分、夏至、秋分、冬至，這四個主要的節氣點都表現在震、離、兌、坎等四卦上，同時也代表著事物發展的階段。

☯ 終萬物、始萬物者，莫盛乎艮

當萬物深藏，即是「終萬物」，但此處的「終」並非指一切終結，而是如同成熟的果實落地後逐漸腐爛，進入「空」的狀態；看似落敗了，但同時果實中的種子也落入土地中，又開始孕育新的生命，便是所謂「終萬物、始萬物者，莫盛乎艮」，而艮卦所對應的便是「山」。等到春天重回大地，驚雷一出，種子又由此開始生根發芽，一個新的生命又將破土而出。這一段所言即是萬物生長的過程中，成、住、壞、空，此四階段不斷循環往復。

☯ 故水火相逮，雷風不相悖，山澤通氣，然後能變化，既成萬物也

水火、雷風、山澤，所說的是六子卦，它們之間相互作用，就能產生出生、發育、壯大、敗空的一系列變化。將水火、雷風、山澤此宇宙自然中的六大能量場依特性分成三對，三對中又分陰陽，即三對陰陽，又稱「三合」——水火合、雷風合、山澤合。天地定位，然後三合

了，萬物便有了成、住、壞、空的變化，這就是萬物在後天運行的規律性，即「既成萬物也」之意。

　　掌握陰陽的互動、消長與轉化，就能掌握萬事萬物發展的各個階段，進而成為主宰並做出調整，否則若是現下景況混亂不清，連事物是否能夠成形？後續發展如何？結局是好是壞？這些問題都會在永遠懸在未定之天。如同目前全球疫情嚴峻，各行各業都大受影響，沒有人知道這波疫情什麼時候會結束，因為普羅大眾無法掌握宇宙最基本的規律，無法與「高維度的我」溝通，也就對未來一無所知。「高維度的我」就是「神我」，而低維度的肉身只是一個執行者，所謂「昇華」所要求的便是「升上去更高的境界」，去見到高維度的神我，達到「天人合一」。神在天上，人在地下，當天人合一了，也就得道了！

188

易學人生金句

常人總是為自己下各種定義，想藉由各種標籤顯現自己，但這些都不是真實的，只是表層的、外顯的「形」。萬事萬物，只要是活的，就是有情之物，一定同時具有形和靈，人的「自我」也是。

第二節 〈說卦傳〉第七章

【乾，健也；坤，順也；震，動也；巽，入也；坎，陷也；離，麗也；艮，止也；兌，說也。】

☯八卦將萬物化繁為簡

從第七章開始所展示的概念，聚焦在呈現宇宙自然的整體性。也就是說，山河大地、日月星辰、飛禽走獸、花草樹木等，萬物與人都是一體的，不是各自獨立的存在，即「以類萬物之情」。

世間萬物多不勝數，紛亂又繁雜，一時之間難以分類。但在易的體系、得道者的眼中，萬事萬物皆可化繁為簡，分為八種屬性，而屬性也可以稱之為萬物的「內在特性」。一旦分類了，就等於將世間萬有納入到一個整體的體系中，擁有了自己的「位置」及「空間」，不再是孤立的，與整個體系中的他者具有相互連帶性，也就有了過去、現在和未來。當體系中的萬事萬物相互作用，就能彼此參照，引導我們認清、掌握它的軌跡與位置，接著就能知道它是否符合規律，然後就能作用於它、改變軌跡。如果某個事物未被納入大體系當中，沒有參照物與之對應，人就無法作用於這個孤立的事物上。

八卦的意義在於將整個宇宙、萬事萬物分為八大類。前面說過，八卦的八個符號如同與神明溝通的語言。高級的神其實特別原始，但人反而很複雜！人總自詡知識豐富，事實上書讀得愈多愈反動，知識愈多反而愈看不清事物的本質。因為所謂的豐富知識只代表了細分事物的能力，而愈是細分，看到的愈是事物的局部和碎片，很難看到事物的本質。所以古代的聖人都重在獲取智慧，而不強調有多少知識的積累，畢竟智慧和知識完全是兩個不同的概念，智慧一定是愈來愈簡單，知識則是愈來愈淵博。當知識愈淵博，智慧就會愈顯缺失。如同《道德經》所示：「為學日益，為道日損」。

現代人特別偏好於在某一領域苦心鑽研，只專注於眼前那一個點，愈陷愈深，離道日漸遙遠。「道」是萬事萬物的大規律，若只知汲汲營營地鑽研，是無法看見大道全貌的。修智慧一定是把複雜的事情簡單化，所以能將最複雜的萬事萬物分成少少的八大類。甚至八大類還能再減少成四類、四象，而四象也能再簡化成陰、陽兩類，最終再將兩類簡化，便能得到「一」，即是天人合一的得道境界。在孔子的說法中，這叫「一以貫之」，也就是說，當真的通達到「一」的狀態時，一切全都通達了，即為「貫之」，此階段就能成聖、得道了。

得道、得智慧一定是愈來愈簡單；而世間的技能、知識則是著重專精，靠積累而來。八卦代表的就是宇宙萬物所歸屬的八大類，理解這件事後，要保持一個觀念——從現在開始，看任何事物的時候，都要試著將它歸類。

雖可為天下萬物找到所屬的類別，但每一個生命個體，包括一段感情或一個計畫，都必定同時具備八個屬性，缺一不可！差異只在於，各個屬性中強弱必定有別罷了。觀察事物的發展過程，就要觀察此一事物的八大屬性，判斷其中八種能量的強弱、消長和轉化，就能知道下一步的狀況，預測出結果。

☯八卦代表的八大屬性

關於八卦所代表的八大屬性，以下分別詳述：

一、**乾，健也**：健，即「矯健」、「善動」。宇宙當中總有一類事物特別善動，人也是一樣，眾人中總有一類人特別熱情洋溢，特別好動，這就是乾。乾為天，天是天體，運轉不息。日月星辰好像在天上不動，但其實它們都在動，從來不曾靜止。當六個爻全是陽爻，如「時乘六龍以御天也」，每分每秒都在動，從無靜止的時候，顯得生機勃勃，如同自強不息的君子，所顯現的就是乾的特性。

二、**坤，順也**：指萬物當中有一類趨向柔順。在傳統

文化中，男人主動，是乾，代表天，展現善動、生機勃發的特質；女人主靜，是坤，代表地，呈現柔和、溫順的樣貌。當然，此處的動靜相對，指的是以特性、本性而言。如公獅天生就該戰鬥以爭取地盤，母獅則負責生養幼獅，這就是獅群這個社會體系中的屬性。當然男人、女人也可各自再分成八類，即大屬性下會有從屬的小屬性。女人當中就有自強自立更甚於男人的，但其中必定存在著柔順的性情；男人當中也是如此，可能會有更傾向於安定、內斂的類型，但同時也會有不可輕易扭轉的剛健特質。任何事物都具備八大類的特性，其中勢必包含坤的柔順面。

坤為地，地順承的就是天，它要與天呼應。天主動，可能風起雲湧、雷電交加、豔陽高照或降下暴雪。但是不管天怎麼動，大地都靜靜承受，配合無間。也只有大地柔順地承受一切，大地上的萬物才能被生養，才能夠發育；若是大地變動，造成地動山搖，首當其衝的就是大地上生長的萬物。

大地一定要保持靜止，相反的，天則絕對不能靜止！天必須動起來，才會產生晝夜、分出冷暖、劃出四季，水火、風雷、山澤間才能互動。天地相合，萬物才能生長發育。學易的目的就在於學習天道的規律，以調整現實生活中如健康抱恙、家庭失和、公司經營不善、國家動盪不安

等，種種不符合天道的狀態。當萬事萬物皆符合道，人人修身、齊家、治天下，就會風調雨順、長治久安；不符合天道規律，必有災患。

三、震，動也：震的特性就是動。震為雷，春雷震動萬物，一陽初動，催促萬物生長。

四、巽，入也：風無孔不入，並能吹散萬物。同時風也代表溫暖或者清涼，有時也代表財富。

五、坎，陷也：坎為水，水的特性是往低處流。坎不僅有困境、險阻的意象，同時也代表「深藏」。另外，「智者樂水」，所以水又有智慧、足智多謀的含義。

六、離，麗也：麗，即「豔麗」、「美麗」，代表火光向上，呈現積極、熱情的態勢，有時離也有「離開」之意。比如預測一個公司發展的狀態時，大衍筮法測出離卦，可知現狀顯現出亮麗、輝煌貌，正是生發最壯盛的時候，但同時也有分離、割裂、破產的意思。所以判斷出主要的類別後，還須進一步辨析哪方面的屬性比較強大，且屬性並不是「非好即壞」那麼絕對的，任何屬性都同時具備好的特質或壞的特質。八大屬性中，任何一個屬性都是中性的。

七、艮，止也：艮在八大能量體系裡代表「山」，遇到山就表示遇到了障礙，不能再往前走了。見山而止，遇到障礙便要懂得「知止」，但見到山然後止步也非壞事，反而是「知足而長富」、「知止而長樂」。不管是道家、佛家還是儒家，最強調的就是「止」，如同儒家講求「止於至善」、「知止而後有定，定而後能靜」。

　　人生在世要掌握、參透止，尤其是聰明人，更要學會知止，否則會災禍不斷。而止也叫「克」，即「剋」，指事物相生相剋，彼此制約，是所有生命體都必須具備的重要功能。

　　八、兌，說也：兌表示「喜悅」。因為兌是大澤，江河、湖海，水面波光粼粼，呈現出很歡悅的樣貌。而秋天是收穫的季節，豐收使萬物感到愉悅。

　　掌握上述八個特性，並且將八卦的符號牢記、運用得宜，便能盡量少用人的語言，而是用八卦來說話。八卦符

易學人生金句

每一個生命個體，包括一段感情或一個計畫，都必定同時具備八個屬性，缺一不可！

號就是神的語言，彼此羅列、疊加，就是六十四個符號，使用在與神透澈地溝通，已足矣！《易經》裡六十四卦的卦辭和三百八十四爻的爻辭都是神的語言，雖然要學的東西很多，但是頂多也就是那八個符號，羅列起來就六十四個符號。在六十四個符號裡，每個符號都有六個階段，六十四乘以六十四，得到數字三百八十四，最多也就是掌握三百八十四爻，就能與神順暢溝通。

　　排卦很容易，但解卦很難！若是學不會解卦，只會排卦，解讀不了其中玄妙的語言，又該怎麼做成事呢？

第三節 〈說卦傳〉第八章

【乾為馬，坤為牛，震為龍，巽為雞，坎為豕，離為雉，艮為狗，兌為羊。】

☯動物的八類屬性

天下的動物何其多，天上飛的、地上跑的、水裡游的，多不勝數。但根據動物的屬性，還是能將其分成以下八類：

一、**乾為馬**：乾為天，天有剛健之意，是主動的，至陽。馬善於奔跑，而且特別的健壯。但乾不單指馬，而是泛指那類特別主動、善動、剛健的一類動物，例如威猛的老虎與雄獅也都屬乾一類。

二、**坤為牛**：牛屬性柔順，不好爭搶，可以靜靜地待在原地守成，並且能忍辱負重。而像牛一樣擁有柔順特性的一類動物，就以坤來代表。

三、**震為龍**：震為雷，雷出現的時候，可能毫無徵兆，晴空萬里時，忽然就烏雲密布，瞬間降下雷電。這雷無論來去皆突然，都說「神龍見首不見尾」，來的時候閃電霹靂，行雲布雨；走的時候無聲無息，一下子便雨過天

晴。這種震動，發生得快，止得也快，所以用龍這一類動物來代表震。震的「動」和乾的「動」差別在於，乾是不斷地、持續地運動，永不止息；而雷震的動是一時動、一時沉寂，再一時動、一時沉寂，如此反覆的狀態。

四、巽為雞：巽為風，在八卦當中主「號令」，意思就是有標準與規則，一切聽號令而來。而風的來向都有其規律，如春雷一動，春季來臨，那春風也隨之而來。同理，冬天一定是北風蕭蕭而至，絕對不會吹南風。該來的時候就來，這個就是風的特性。雞與風的關聯就在於準時、具有規律，如同公雞固定每天早上啼叫報曉，喚醒萬物。動物當中，舉凡是懂得遵守時令行事、生存的一類，都屬於巽的屬性。

五、坎為豕：豕就是豬。坎是水，也有「水坑」之意，豬就喜歡躺在低窪處的泥水中。所以說這一類喜歡水、樂於處在低窪處的動物，都是坎的屬性。

六、離為雉：離主「亮麗」。雉就是雉鳥，羽毛特別鮮亮，且有往高處飛的習性，給人感覺特別亮麗、積極。所以，凡是偏好向上高升、外表鮮豔，且較為張揚的動物，都是離的屬性。

七、艮為狗：艮，止也。艮像大山一樣，穩定且牢

固，與狗忠誠的特性相近。狗能為人守夜，對人有忠誠、忠貞的品性，就像山般堅貞不移，能讓人依靠，給人安全感。所以，擁有守夜的職責，能盡忠職守的一類動物，都有艮的屬性。

八、兌為羊：兌主「愉快」，也代表順從，當人愉快的時候，周遭事物必定進行得和順、暢快。羊也給人順從之感，使人心生愉悅，所以這一類動物屬兌。

〈說卦傳〉中，孔子挑了八個動物作為這八類動物屬性的代表。這些分類例子，能讓我們從中掌握其中大概的理路脈絡。理順八卦的屬性、認識動物的分類後，接下來就能將宇宙的萬事萬物按照八類屬性進行分類。

易學人生金句

震的「動」和乾的「動」差別在於，乾是不斷地、持續地運動，永不止息；而雷震的動是一時動、一時沉寂，再一時動、一時沉寂，如此反覆的狀態。

第四節　〈說卦傳〉第九章

【乾為首，坤為腹，震為足，巽為股，坎為耳，離為目，艮為手，兌為口。】

任何一個有形之物，在易中都可以分解成八部分，也就是「以類萬物之情」。身體是一個整體，可以分成八個不同的屬性，此章所闡述的，便是人體的屬性。孔子把自己的身體分類了，同時將之與天上的日月星辰、地表的山川大地、飛禽走獸等遙遠的外在事物對應，如《周易·繫辭傳》所言：「古者庖犧氏之王天下也，仰則觀象於天，俯則觀法於地，觀鳥獸之文與地之宜，近取諸身，遠取諸物，於是始作八卦，以通神明之德，以類萬物之情。」說的就是聖人伏羲受遠近之物啟發後，與己身對應，始作八卦一事。

☯八卦與人體部位的對應

一、乾為首：以人體部位來說，乾是「首」，也就是頭，而在動物裡馬就是乾，如此一對照，人的頭部和動物中的馬就有了關聯。由此可知道，人體的每一部位都能跟動物對應。頭屬乾，有乾「主動」、「善動」又「剛健」的特性，正如人類的大腦每分每秒都在運作，且大腦不能

停止，否則就意味著生命的終結。乾是天，天在高處，以人體的相對位置而言，頭和大腦位於人體的最高處，形狀是圓的，也呼應了乾主動、位居高處的特性。

二、**坤為腹**：腹，即深藏於身體內的腹部。與外顯的頭部不同，需要將腹部收藏、保護好。而腹部內的臟器，都是處於「被動接受」的狀態，就如無論我們吃下什麼、喝下什麼，腸胃道就得接納什麼，所以腹部必須接納和包容，展現如坤一般深藏、柔順的屬性。

三、**震為足**：足是雙腳，人在走路的時候，腳踏在地會發出聲響，且腳步交錯、左右交替，腳步聲也是一陣一陣的，這就是雷的特性。

四、**巽為股**：股是臀部，也就是屁股。人步行時，臀部會隨著雙腳交錯踩踏而規律地左右律動，彷彿動而生風，具巽卦所對應之「風」的規律性。

五、**坎為耳**：坎是陷、坑，耳朵的耳洞如深陷的坑。坎在北方，主聽，窪地高低不平，而耳朵中的耳道彎曲，呈現螺旋狀，都符合坎的特性。

六、**離為目**：離是火，主明亮，眼睛有神、亮麗，所以離為目。

七、**艮為手**：艮有山的特性，是止。以人體而言，手

能活動，但是手有一定的長度，不可能無限延伸，受限在範圍內。手到為止，所以艮為手。

八、兌為口：口主語言、說話，從人體來看，最大的缺口就是口。兌上缺，最上面那一爻就是陰爻，代表嘴巴這個缺口，下面則是兩個陽爻。

萬事萬物皆具有八種屬性，其中有強有弱，同理可證，在人體內不只有頭代表乾，也不僅僅以腹部代表坤，它們都屬一大類。在大類裡，又可以八種屬性詳加區分，例如腹屬於坤一大類，但腹中有五臟六腑等各種器官，每一器官又可以再分八類，這樣兩兩相合就變成了六十四卦。所以，按照八類屬性的規則進行劃分，事物可以無止盡地被分類下去。

☯頭痛醫頭，腳痛醫腳？差矣！

在不通易理的前提下，一般人的概念是「頭痛醫頭，腳痛醫腳」，單憑感受，並不將身體的每一部位視為互有關聯的整體，也不了解自己身體的屬性劃分，等遭逢病痛之時，就無法準確找出病灶、對症下藥。

當我們認知到身體是一個相互關聯、作用的整體，如果感到某部位不舒服，就要找到與某部位相應的其他器官或部位。舉例來說，若是感覺到頭疼，也許在晚上十一

點的時候，拿一盆熱薑湯來泡腳，就能治好！這就是中華智慧的絕妙之處，建立在一切都是相互關聯的整體性上。又例如，有些人手腕痠痛、紅腫，在中醫的眼中，看到的是「手是艮」、「屁股是巽」，可能會往病患的屁股上敲打幾下，其中連要打左邊還是右邊的屁股？要打紅還是打青？要大面積打還是掐一塊打？這些全都有講究。如此去調整巽，都因為它和艮之間有關聯，神醫便利用兩者之間的氣和能量對應來治療。

宇宙萬事萬物皆是一體，只要是一體就會有所聯繫、相互作用，就符合陰陽的消長和轉化等定律。掌握這個規律後，就能夠調理萬事萬物。

易學人生金句

一般人的概念是「頭痛醫頭，腳痛醫腳」，單憑感受，並不將身體的每一部位視為互有關聯的整體，也不了解自己身體的屬性劃分，等遭逢病痛之時，就無法準確找出病灶、對症下藥。

第五節　〈說卦傳〉第十章

【乾，天也，故稱乎父。坤，地也，故稱乎母。震一索而得男，故謂之長男。巽一索而得女，故謂之長女。坎再索而得男，故謂之中男。離再索而得女，故謂之中女。艮三索而得男，故謂之少男。兌三索而得女，故謂之少女。】

☯八卦與家庭的對應

第十章，談的是八卦與家庭成員的對應關係，以下詳述之：

一、**乾，天也，故稱乎父**：在家裡父親是天，符合乾的屬性。

二、**坤，地也，故稱乎母**：坤是地，地有母親柔順、包容、接納、深藏、收斂、養育的特性。

三、**震一索而得男，故謂之長男**：震仰盂，最下面是一個陽爻，上面則是兩個陰爻。一索得男，即指家裡出生的第一個男孩。家裡有孩子三對，第一個男孩稱為「長男」。

四、**巽一索而得女，故謂之長女**：巽下面是陰爻，而上面是兩個陽爻，巽下一索稱為「長女」。

　　五、坎再索而得男，故謂之中男：坎中滿，而坎卦正中間是陽爻，所以對應家庭中的「中男」，也就是第二個兒子。

　　六、離再索而得女，故謂之中女：離中虛，中間二索而得陰爻，代表家庭中的「中女」，也就是第二個女兒。

　　七、艮三索而得男，故謂之少男：以此類推，艮下三索而得男，也就是「少男」，即家中最小的兒子。

　　八、兌三索而得女，故謂之少女：兌上缺，三索是陰，就代表著「少女」，也就是家中最年幼的女兒。

　　按以上規則，所有的家庭成員都可以排到卦上，家庭就成了一體，每一個成員都有其屬性，彼此之間都會產生聯繫與互動。而在這樣的對應關係中，不難發現，一個家庭中最重要的就是夫妻之間的關係，也就是乾、坤之間的關係。唯有乾卦（天）與坤卦（地）兩者定位了，風、雷、水、火、山、澤等六子卦才能順利運行；天地一旦定位不了，就是「天地錯位」，家庭就會陷入混亂。

　　家庭裡面的每一個人，根據所處地位不同，要遵守的規矩也會隨之改變。無論是高遠威嚴的父親、包容寬厚的母親，或是活潑可愛的么女，每個家庭成員都會擁有其對應的八卦屬性。而父母和子女的關係，則能參照八卦中

各六子卦與父母卦在卦象中呈現何種狀況，判斷如何做關係才會「生」或「剋」。家庭中每個人的定位、互動的方式，全部都在八卦中，按這個理來為人處事，就叫「循天之道」。

〈說卦傳〉的八至十章中，孔子分別以動物、個人身體和家庭舉例，以此闡述「世間萬有都可以按照八卦規律劃分成八類」之理。此三章說了許多八卦與事物的對應，但須知道，學八卦要學到實處，不要光去背這些對應而不知實用。要將一切都看成一個整體，再根據它的屬性，看到萬事萬物之間的互動、作用與消長，如此一來，在現實世界中的各個層面，也就能達到平衡。

易學人生金句

唯有乾卦（天）與坤卦（地）兩者定位了，風、雷、水、火、山、澤等六子卦才能順利運行；天地一旦定位不了，就是「天地錯位」，家庭就會陷入混亂。

206

第九章

八卦的說明書（下）
──《周易・說卦傳》第十一章與結語

宇宙間的萬事萬物、有情之眾錯雜紛陳，

一切皆能按照八卦的屬性歸納成八類。

八卦與萬事萬物間的對應自有規律與準則，

孔子列舉各個方面的例子，

說明八類屬性是如何代表萬事萬物。

而〈說卦傳〉第十一章的重點便在於藉由這些例證，

進一步展示八卦是如何勾勒出宇宙的整體，

更詳細地說明各種對應關係中所呈現出的八卦特性。

第一節 〈說卦傳〉第十一章

【乾為天，為圓，為君，為父，為玉，為金，為寒，為冰，為大赤，為良馬，為老馬，為瘠馬，為駁馬，為木果。

坤為地，為母，為布，為釜，為吝嗇，為均，為子母牛，為大輿，為文，為眾，為柄。其於地也，為黑。

震為雷，為龍，為玄黃，為敷，為大塗，為長子，為決躁，為蒼筤竹，為萑葦。其於馬也，為善鳴，為馵足，為作足，為的顙。其於稼也，為反生。其究為健，為蕃鮮。

巽為木，為風，為長女，為繩直，為工，為白，為長，為高，為進退，為不果，為臭。其於人也，為寡髮，為廣顙，為多白眼，為近利市三倍，其究為躁卦。

坎為水，為溝瀆，為隱伏，為矯輮，為弓輪。其於人也，為加憂，為心病，為耳痛，為血卦，為赤。其於馬也，為美脊，為亟心，為下首，為薄蹄，為曳。其於輿也，為多眚，為通，為月，為盜。其於木也，為堅多心。

離為火，為日，為電，為中女，為甲冑，為戈兵。其於人也，為大腹。為乾卦，為鱉，為蟹，為蠃，為蚌，為龜。其於木也，為科上槁。

艮為山，為徑路，為小石，為門闕，為果蓏，為閽寺，為指，為狗，為鼠，為黔喙之屬。其於木也，為堅多節。

兌為澤，為少女，為巫，為口舌，為毀折，為附決。其於地也，為剛鹵。為妾，為羊。】

🌓其一：乾卦──高遠、剛健的主宰

【乾為天，為圜，為君，為父，為玉，為金，為寒，為冰，為大赤，為良馬，為老馬，為瘠馬，為駁馬，為木果。】

第十一章首先講述的是乾卦的幾種特性，以下分別說明：

為天，指所有居上者，如高遠的天空為乾；為圜，「圜」字可解作「圓形」、「環繞」，指乾具有循環往復的意象；為君、為父，則以「主宰」的含義而言，如國家中君主是乾，家庭中父親是乾；為玉、為金，指礦石中多以玉石、金礦代表乾的剛健，故為金為玉，凡是剛健外顯、張揚外露、絢麗者都能代表乾；為寒、為冰，此兩者則是以後天八卦言，乾居西北方，對應中國的地理位置，是貝加爾湖、西伯利亞等寒流發源之地，所以為寒、為冰是乾；為大赤，「大赤」即指「大紅色」，是純陽之卦的顏色，所以大紅一類屬乾；為良馬、為瘠馬，則指健

壯的馬、瘦弱的馬都為乾，因為前者剛健、善動，後者則是取其「勞累過後」亦有的剛健、善動意象，所以兩者皆為乾。而「強盛過後」的老馬也是瘦弱的，與瘠馬都歸於乾一類；為駁馬，「駁馬」就是雜毛、毛色不純的馬，為乾；最後則是「為木果」，木果指的是果實、種子一類，多為圓形，而乾代表圓、圜，所以這一類都有乾的屬性。

☯其二：坤卦──收斂、無私的母性

【坤為地，為母，為布，為釜，為吝嗇，為均，為子母牛，為大輿，為文，為眾，為柄。其於地也，為黑。】

介紹完象徵「天」的乾卦之後，接著談象徵「地」的坤卦。

為母，因大地有生育萬物之德，就像母親一樣，具有包容一切、無怨付出的母性，所以坤代表母；為布，指大地的承載廣布天下，且大地面積廣闊，所以有大規模遍布的意象；為釜，釜即為「鍋」，可用以燉煮食材，比喻萬事萬物的孕育、生發、成熟都在大地這個鍋中運作，所以說這一類都屬於坤的性質；為吝嗇，因為大地主收斂、收藏，所有最肥沃、精華的物質，最終一定歸於大地，但大地並不外揚，反而積攢、守成，所以言其「吝嗇」；為均，大地對萬物平等相待，只要居其上者，均一視同

仁、沒有偏私；為子母牛，取其「不斷地生育與繁衍」之意，是一種主生發、生養的母性，所以也歸為坤一類；為大輿，大輿即是「大車」，能承載萬物，所以說大地能厚德載物；為文，「文」指物種豐富多彩，大地之上什麼都有，什麼都能接納、包容，就叫「文」；為眾，眾即是「多」，指大地能承載眾多事物；為柄，生物的根本就是柄。如樹木扎根於大地，就好像大地擁有樹木的把柄一樣，使樹木離不開大地。而山水草木、飛禽走獸都離不開地，萬物的把柄握在大地手中；其於地也，為黑，則指坤卦是陰極，故為黑色。

☯其三：震卦──撼動萬物的霹靂

【震為雷，為龍，為玄黃，為旉，為大塗，為長子，為決躁，為蒼筤竹，為萑葦。其於馬也，為善鳴，為馵足，為作足，為的顙。其於稼也，為反生。其究為健，為蕃鮮。】

先前已講解過震卦如春雷震動、神龍潛行的特性，故言震為雷、為龍。

而「為玄黃」，則是指雷雨大作時，天色混濁不清，呈現蒼茫、昏黃之色，所以叫「玄黃」。但這樣解釋其實略為牽強，因為若是玄黃一色屬於震，那麼，對顏色也就能劃分出八類了；為旉，此以震卦的「主動性」言，而旉

即為「鋪開」、「展開」之意。春風吹拂，陽氣初生，大地一動，草木在春分之後轉綠，一片新綠在大地上完全鋪開、展開，這種舁的特性屬震；為大塗，形容天地間被大面積地塗滿春色；為長子，長子居於東方，東方屬青龍，是長子居處，古代太子居東宮；決躁，當雷聲一起，給人暴躁、急促之感。所以震卦的特性比較暴躁，轉瞬間動起來，就可能產生雷霆萬鈞的震撼；為蒼筤竹、為萑葦，筤竹與萑葦是兩種植物。前者為「蒼狼竹」，是青蒼色的竹子，與震代表的「青龍」顏色相應。而萑葦則是蘆荻類的植物，其顏色與姿態也與震卦對應。

接著，「其於馬也，為善鳴，為馵足，為作足，為的顙」一句，指馬雖然大屬性歸於乾卦，卻還能再細分屬性，其中有一個分支屬震卦一類，也就是「善鳴」、「喜歡叫喚」的馬。因為雷聲非常響亮，且一邊發出巨大的聲音一邊移動，所以有此特性的馬可對應到震卦。而「馵足」指的是左側後腿有白蹄的馬，「作足」泛指所有能用足行走的動物，「的顙」則指前額有白毛的馬。上述數者，皆為由「馬屬乾」此一大類細分出的屬性，屬於震。

而「其於稼也，為反生」則指莊稼、農作物中「反生」的一類屬於震，也就是帶著甲殼而生的農作物，如蘆葦的莖壁有薄膜繞生，又如稻穀有較硬的外殼與外皮，就

稱「反生」。當然，莊稼一樣能再細分成八類。

最後，「其究為健，為蕃鮮」一句，其，指震卦「震動」一事，「其究為健」則形容「動得很厲害」，有這類特性者就劃分到震這一類。蕃鮮，為「春天草木茂盛而新鮮」之意，凡是這種特別亮麗、繁茂的狀態皆屬於震。

☯其四：巽卦——絜齊萬物的風

【巽為木，為風，為長女，為繩直，為工，為白，為長，為高，為進退，為不果，為臭。其於人也，為寡髮，為廣顙，為多白眼，為近利市三倍，其究為躁卦。】

以方位而言，巽在東南方。而在五行當中，巽屬木，木有曲有直，所以凡是筆直又能彎曲者，都屬於巽這類屬性。前面曾提過，巽在家庭成員中對應的是「長女」，並有「齊乎巽，言萬物之絜齊也」的意象，指萬物好像得到號令般，整整齊齊地向上生長，這就代表著一種「直」的狀態。而「繩子」也是用來校準的「工具」，有精巧、工巧的特性，所以言「為繩直」、「為工」。

為白，指在顏色上，白色屬巽；為長，有一種解釋是，巽是風，風的吹拂是悠遠而長久的，也具有直、長這樣的特性；為臭，臭也通「嗅」，既然巽對應的是風，那麼，風迎面吹拂而來時，就會使人聞到風中的氣味；

為高、為進退，此二者代表樹木都是向上長的，有「高」的意象。而巽與木對應，樹木有長有短，含有「能進亦能退」的意義。另外，因為風有柔曲的屬性，故稱其「不果決」。

接著，孔子以人的外在形象說明巽的特性。為廣顙，顙指「額頭」，廣顙即為「額頭寬闊」的意思；為寡髮，指頭髮稀少；多白眼，指眼球中以眼白區域占多數的眼睛。其中按照額頭的樣貌、頭髮的濃密與粗細程度、髮色的深淺、眼睛的形狀、眼白的比例等，也能再分八類。

而所謂的「為近利市三倍」，則是指關於錢財方面，如果占卜得到了巽卦，代表近利三倍。「近」就是「馬上就要得到了」的意思，三倍就是「多倍」，利市則指利益、財富。精神狀態也分八類，巽是躁卦，躁就是急。

☯其五：坎卦──隱伏、潤下的水

【坎為水，為溝瀆，為隱伏，為矯輮，為弓輪。其於人也，為加憂，為心病，為耳痛，為血卦，為赤。其於馬也，為美脊，為亟心，為下首，為薄蹄，為曳。其於輿也，為多眚，為通，為月，為盜。其於木也，為堅多心。】

坎為水，水無言，主靜，凡有水的特性者，都屬於坎一類。水是柔性的，能藏汙納垢，而且謙遜、卑下，無論

水位居再高，也都是往下流，同時極能適應各種環境。

為溝瀆，指水能通達四海，無所不至，地表所有的溝渠，最終必定都匯集入海；為隱伏，指水能「潤下」，只要流入縫隙，水就隱隱不動，在地下能藏萬年，即「隱伏」。水不會主動顯露，從來不自以為是，但水變換成「水蒸氣」的模式後，能往上升並達到最高處，卻無法為人的肉眼所見！《道德經》提到「上善若水」（註3）的觀念，為的就是叮囑我們要懂得學習水的特性。

為矯輮，說的是水的韌性、柔性，可直也可彎曲。「矯」是使彎曲的東西變直，「輮」則是指將直的東西變得彎曲，流水展現出的便是這般時而剛直、時而隨順的樣態。若施予水足夠大的壓力，它能把鋼鐵都割開；涓滴之水看似柔弱，時間久了也能將最堅硬的巨石滴穿。

為弓輪，指車輪的運轉、流通，即水如同輪子在大地上行走。

而坎的屬性作用在人的身上，所展現的特性是與加憂、心病、耳痛、血卦和赤（即「血」）等相關。因為這類人多半陰柔、靜弱，常常給人一種憂慮多思之感，故稱「加憂」。坎一類的人確實較容易產生憂鬱的症狀，因為

※註3：「上善若水」形容最高境界的善，應該是如同水一般，有利於萬物、不爭搶，且適應力強，無論何種地形都能順勢而流。語出《道德經·八章》。

他們總是深藏、隱而不發，即是一般所說的「內向性格」的人。

而其他的特性，其成因也都不脫與水之間的相似性。為心病，此處所說的心病即是焦慮、顧慮。因為不張揚、不釋放，所以這一類人容易得到心病。「耳痛」則是源於人體內與水對應的臟器——腎臟，腎主循環系統，而人的雙耳又和腎有密切的關聯。另外，血液，即前面所說的「赤」，在身體裡面奔流、運行，也具有水的特性。

而「其於馬也，為美脊，為亟心，為下首，為薄蹄，為曳」則是將馬的身體也分八類：

美脊，指馬的脊骨特別高聳、漂亮，這樣的馬就屬坎一類。坎的卦象上下都是陰爻，中間則是一個陽爻，讓人聯想到馬的脊梁。

為亟心，亟，急也，「快速」的意思，指「心急」。中間那個陽爻對應馬的軀體，屬於心，而心是陽爻，有主動之意。

為下首，指坎屬性的馬，馬頭總是向下低著，很少高揚，低垂著頭像水往下流一般。

為薄蹄，指坎屬性的馬奔跑起來的時候，不是高揚著馬蹄，而是將馬蹄貼近地面，即「薄蹄」。

為曳，只繞著一塊地方在流動稱「曳」，指水「繞地而行」的狀態。

另外，在「車」一方面，孔子又是如何歸類的呢？這可由「其於輿也，為多眚」後的數句來看：

「輿」是「車」，坎一類的車為「多眚」，因為每一輛車的裝載量是有限的，裝得多了，就稱「眚」。

為通，形容車子行進地很順暢、通達，就屬於坎一類。有的車很重，車軸與車輪之間配合得不好，行進時必定沉重又不通順。

為月，指有的車中間載物，使得兩頭翹起，讓車的外型就好像是新月一樣。

為盜，此處之「盜」非指「盜賊」，而是形容水行時無聲無息，同時也能用以表示車子在行駛的過程中悄然無聲，速度又快，具有坎的屬性。有的車運行起來會吱吱叫喚，就不是屬於坎類。坎的這一類車很靜，愈高級的車行駛中就愈安靜，速度愈快。

至於自然界中，哪一類木屬於坎類呢？「其於木也，為堅多心」，說的就是樹心堅實、質地密集的樹木，會被歸類在坎。坎卦的卦象，正是中間代表著堅硬的陽，而兩邊是陰，如同樹木中心堅硬、扎實的樣子。

☯其六：離卦——外強心軟的持戈之兵

【離為火，為日，為電，為中女，為甲冑，為戈兵。其於人也，為大腹。為乾卦，為鱉，為蟹，為蠃，為蚌，為龜。其於木也，為科上槁。】

離在五行當中就是「火」。以火耀眼奪目的形象為基底，能夠衍生出數種離卦特性：

為日，因太陽會發光、發熱，與火的特性相符，所以日屬離。

為電，電光也是火的一類，凡是亮的、蓬勃向上的、熱情的、絢爛奪目的，都含有離的特性。

為中女，離卦之卦象為「離中虛」，上下兩個爻是陽爻，中間一個則是陰爻，所以稱為「中女」，代表家庭中的第二個女兒。一般來說，中女都具有活潑、熱情、向上的特性。

為甲冑，指閃亮的鎧甲，光鮮在外，剛健亦顯於外，屬離。

為戈兵，與甲冑同理，外陽而內陰。持戈之兵，指的就是拿著武器、穿著甲冑的士兵，武器顯現陽剛、主動的形象，其內部則是一個人的肉身。

而腹部位於人體的上半身與下半身之間，有的人四肢

很結實，卻是大腹便便，肚子裡面沒什麼東西，彷彿「草包」一般，這個人的狀態，就屬於離一類。即所謂「其於人也，為大腹」。

為乾卦，指離卦為太陽高照貌，在「至陽」的形象中，乾卦從表面就散發著亮光與熱氣。取其如火之外照也，便稱「為乾卦」。

鱉、蟹、蠃、蚌、龜等五者皆屬於水生動物，也能劃分成八類。之所以這些水生動物屬於「離」而非「坎」，則是因為牠們都具有「外殼」。這些動物的共通點就是外殼很硬、內裡的肉很軟，相當於離卦「離中虛」的卦象，即上下兩個陽爻是堅硬的表面，裡面一個陰爻如同柔軟的內在，就跟甲冑同個道理，甲冑也是以堅硬外在來包裹柔軟的肉身。

有些木頭外表看似沉重、結實，但是樹心都已經腐朽了，這種木頭就稱為「科上槁」，即「其於木也，為科上槁」所示。槁，指「枯槁」，對應的是離卦的特性——內心軟而外在堅實。而擁有離這一類特性的人，外表看似強大、剛硬，其實內心特別脆弱、柔軟。

☯其七：艮卦——穩重、能止的崇山

【艮為山，為徑路，為小石，為門闕，為果蓏，為閽寺，為指，為狗，為鼠，為黔喙之屬。其於木也，為堅多節。】

艮為山，特性也可用「與山相關」者闡述。為徑路，指的是山上的澗道；為小石，指山上必定可見的小石頭。

為門闕，闕指門戶高大、中有小通道的樓臺，與山一樣，表現出艮卦有「止」之意，使人止步。也用以指稱那類外表看似高大、寬宏，但其實內心狹隘者，皆具有艮的特性。

從艮的卦象來看，艮覆碗，下面兩爻是陰爻，最上爻是陽爻，代表「小而結實」。所謂「為果蓏」，便指山上多木果，而蓏是瓜果，正如小石頭一般。

為閽寺，閽，守門者也；寺，守巷者也。兩者指看守城門、寺院大門的人，有「不讓人隨意出入」之意，同樣有「止」的意象，屬艮。

為指，艮為山，就有山「止」的特性，手指一個方向，也代表著手指停頓在某處、該停的時候就要停。

為狗，狗是看家護院的，有「止人擅入」的作用，且狗秉性忠誠，也有艮的特性。因為狗也能再分八類，屬艮

類的狗是專指那些功能為看家、護院的狗，這種狗晚上不睡覺，待主人入睡後，就繞著家園四處巡邏，聰敏機警。雖然牧羊犬、玩賞犬一類就不屬於艮，但是從動物種類大方向的習性來看，狗就屬於艮類。其實艮卦所代表的動物，是指有牙、有角的一類，因此與「鼠」相同。

為黔喙之屬，黔是「黑色」，喙指「鳥嘴」，黔喙就是「黑嘴的鳥」，這類鳥屬於艮。

樹也有八個屬性，「多節」且「樹幹結實」的一類就屬於艮，即「其於木也，為堅多節」。雖說竹子多節，卻是中空的，所以不屬於艮，而是屬於離。

☯其八：兌卦──決斷落地的金秋熟果

【兌為澤，為少女，為巫，為口舌，為毀折，為附決。其於地也，為剛鹵。為妾，為羊。】

為少女，兌之卦象為「兌上缺」，三爻中最上面的是陰爻，下面兩條是陽爻。

易學人生金句

乾為天，坤為地，震為雷，巽為木，坎為水，離為火，艮為山，兌為澤。

為口舌，因為「兌上缺」，最大的缺口就是「嘴」，其所對應的便是口舌。

為巫，因為巫的工作是靠嘴來念咒語，屬於陰性，故屬兌。

為毀折，毀折就是「損折」，上面被毀損了，也就折了。兌代表秋天，是果實成熟、落地的季節，果實一旦熟成掉落，等同毀折、折損。

為附決，指兌有「決斷」的意象，果實在秋天成熟，若是不採摘，早晚都會自動掉落，顯現出的便是一種決斷之意。

為剛鹵，水本來就是流動的，當水長時間不流動、如死水一灘，就會產生鹽鹵的味道，故稱「剛鹵」。

為妾，因為古時少女一直處於閨中，是居下的；出嫁後在婆家裡若是「上頭有姐」，也就是有元配主掌中饋，那麼，相對弱勢的媳婦也稱為「妾」。

第二節　結語——易，現成既有、畢生受用

藉由認識「八卦」的屬性，就能夠對宇宙中的萬事萬物進行分類、劃分。

按照八卦的規律，各種生命體都能分成八類，但可不代表事物單純只擁有其中一種屬性！因為，任何的生命體都同時具備八卦的八個屬性，只是其中強弱有別。先明白這個道理後，接著才能知道八卦該如何為人所用。

我們在看人、與人接觸的時候，就是一個用八卦屬性來進行分類的好時機。初見面時，馬上就能根據各方面的特性來判斷對方屬於何種人，劃分清楚後，大致上就知道該如何去對待、互動。這背後有強大的規律與邏輯，相當於我們得先清楚知道自己是什麼人，進而理解對方是什麼人，再透過多重的對應去釐清對方和自己是相生還是相剋，如此一來就能整理出一套為人處事之法。

☯相信那些曖昧含混的表徵，才有理解的可能

除了分類之外，八卦也適用於占卜，而占卜的作用便是要預知未來、預測事物的發展趨勢。學習「以類萬物之情」，即是學習如何掌握事物發展規律的關鍵，是中華大智慧所在。但如果僅知發展趨勢，卻對其他資訊一無所知

的話，這種預測也是徒勞無功的！如果繼續向前發展會邁入較不理想的結局，必須要能調整它、扭轉它，這才是真正的關鍵。

　　一般人在看〈說卦傳〉時，可能覺得其中列舉的諸多比喻，如以草木喻、以家庭喻、以車馬喻等數者，有「強作解釋」之感，當然了，這樣去解釋這每個屬性，確實非常牽強。但這些特性只是一種「代表」，其實並不需要逐一解釋，目的只在於讓大家更好地理解。古人在學的時候，對其中內容沒有那麼多協助理解的外部資訊，只能牢記這些代表、象徵，等到真正運用時，才會在過程中理解原由、領悟法則，在「邊記邊用」的過程中，慢慢地形成「易」的思維。屆時，看待宇宙中的萬事萬物，馬上就能知道它的屬性以及卦象，而不需要過多的解釋。所以，以各類事物來比喻八卦屬性肯定會有諸多不貼切之處，但為的是幫助記憶、提示規律，僅此而已。

　　孔子之所以說明、整理與解讀卦象的屬性與對應，為的就是幫助後人理解由上古神明所傳的智慧，使其從碎片散落到建立完整體系，並且能夠落地應用，說明天地運行之規律都是從易學中來，讓後人能看懂易。如果後世只把易視為占卜之術，那中華的文明體系也就建立不起來了！這正是孔子所為的寶貴之處。

古人學易是件很單純的事，自孩提時代始，就先熟悉、背誦，也不問「為什麼」。哪有那麼多為什麼？畢竟，講得再多都沒有意義。但是現代人特別強調理性與邏輯，無法對一個未知事物全盤信任，必須得到相對清楚的說明，否則該套說法就難以服眾，即現代人「疑古」的作風。尤其現在的年輕人之間，對中華文化的「疑古之風」非常盛行；同時現代年輕世代對西方的科學、科技則非常迷信，哪怕是再荒謬的西方理論，都是不由分說地深信不疑。若有不理解之處，竟會認為全是因為自己不懂、能力不夠呢！

當下許多學易之人也難免有「疑古」的心態，如果這種心態不改變，根本學不了易。古人一再叮囑後世學子學易時「信」的重要性——要學，首先是信，且要「信而好古」。只有在相信的狀態下，易的作用與智慧才會真正存在，才有可能一點一點地帶領我們進入上古文明當中。唯有鑽研、揣摩其精神，並不斷與現實對應，才有可能真切地明白偉大而古老的中華智慧體系。

西方的科學結論能直接呈現在現實世界中，無論相信與否，好比電燈一點就會亮，這道理是如此直接且淺顯。但中華的智慧體系高深莫測，它和現實世界的對應都藏在難以覺察的深處，所以要仰賴長久而緩慢的琢磨與觀察。

首先，還是要「信」。

☯讓易的智慧在生命中舉一反三

關於八卦的這八大屬性，在這裡只是勉為其難做出權衡變通，盡力解釋。這些解釋或許不甚貼切，但務必別去較真或深究，否則愈爬梳會愈混亂不清。如同「拋磚引玉」一般，以上的眾多讀解就是拋出來的磚，別把精力放在深究磚的來歷，而要專注於「玉」，懂得觸類旁通。

例如，在五行當中，巽代表木的屬性。以自然氣候來講，就是風；從季節來講，代表春季。只要記住這一串概念即可，哪來那麼多「為什麼」呢？要知道，中華這套文明體系不是人創的，而是上古的神傳下來的，只需要信，不要自己擅自去附會、再造。

孔子將這些屬性、特性總結出來了，但一再強調的是，最終這些特性都是點到即止，因為萬事萬物如恆河沙數，要想在〈說卦傳〉中全數歸類、涉及，是不可能的。所以要舉一反三地去學，把八卦的每一個卦象屬性理解透澈，不斷去和現實對應，然後學會分類，多用大衍筮法占卜、排卦，在各個階段下足功夫，每天至少要有二到四個小時用在學易上。如此一來，原本零散、破碎的思維模式將會改變，進而體認到整個宇宙是一體的，互有聯繫。

當心中大千世界融為一體，自然就能把握人的生老病死、事物的發展過程，甚至能聽懂天地萬物的語言，達到「神通」而不外顯。

真正的神通者，並不覺得參透天地運作是值得炫耀的。就像魔術師總能在股掌之間變出各種戲法，讓觀眾看得眼花撩亂、猜不透其中的奧祕，但對魔術師而言，只不過是遵循了固定的技法與原理罷了。換作任何人，只要知道了這個理，都能學會，就是這個意思。

到了學通之時，也就能體會到運用「神通」並非難事。坊間總有許多人自稱擁有「陰陽眼」的能力，開過天眼，能看見鬼神、妖魔那類的事物，說來玄之又玄，也許會有好事的從眾者汲汲營營地就想去「練」。但事實上，哪有那些東西呢？可不能執著在看見鬼神、窺探靈異的方面去學，一旦著迷了，肯定無法自拔、走火入魔！

要想練就一番畢生受用的功夫，那就得回到中華文明的源頭——易，學通了易才能夠達到大神通、開智慧，真正擁有無漏大神通。

易學人生金句

中華的智慧體系高深莫測，它和現實世界的對應都藏在難以覺察的深處，所以要仰賴長久而緩慢的琢磨與觀察。首先，還是要「信」。

【後記】

背功，獲取高維大智慧的心法

　　前面花了不小的篇幅闡述了易學的基礎概念，言至於此，可能仍有人讀得一頭霧水。先別感到挫折，因為疑惑是難免的！學易是漫長的過程，得「慢工出細活」地去熬，每個人一開始接觸易時都是迷茫的，一下子是方位，一下子是卦象，何況還有節氣、五行的對應，資訊量大且內容駁雜。難的是，在理解其中含義之前，這些先備知識全都得背下來！

　　這等於是要現代人拋下既有的學習方法，不再以釐清原理為重，因為古人在學經典的時候，著重的是「先背下來」，而不執著在弄懂其中意義。背誦、記誦並不是死板的學習法，在學易的過程中，「背」的階段反而是最重要的。天天讀，天天背，潛移默化中，既有的知見就會有所改變，思維模式也會逐漸被調整，等到排卦、占卜時，前面花費許多心力背誦的東西，都會有直接的指導意義。

　　現代人普遍缺少「背功」，即「背誦的功力」，因為現代人不背東西了！所謂的「不背」，是指「不背真正有意義的東西」。學生時代為了應付考試、得到高分所背誦

的數學公式、歷史年表、化學元素、英文單字等資訊，雖也不是全然無用，但與易學靈活幻化的大智慧相較，能長存心中、在人生中實際運用的機會還是相對較少。

而「經典」才是我們真正應該背誦的，經典需要「深入骨髓」般地細讀，比如《孝經》，原文才一千七百多個字，但若要仔細品味、深究其理，講解個二、三十回都不為過！而且它的重要地位與字數無關，自古以來，想觸發孩童對傳統文化的興趣，勢必要從《孝經》開始背。而孔子所作的《易傳》也是基本中的基本，是學易時「必備」且「必背」的！

雷以動之、風以散之、雨以潤之、日以烜之……相信各位讀到這裡，也能順口說出幾個〈說卦傳〉中的隻字片語。其實這些像是口訣的文字，當中就有音律、節律，同時又有「理」。這個理不是「理解」的「理」那麼片面，因為孔子所整理出來的概念全都是「高維度」的。藉由大腦運作所產生的意識、分析、判斷與推理，其實都是「低維度」的，光以這種低維度的思維模式，無法理解經典。還記得前面曾以螞蟻來比喻受困於低維度思維的人嗎？就如螞蟻永遠理解不了人類的想法一樣，常人也無法理解神的想法。但中華偉大的先祖將這套神授的智慧，系統性、規律性地整理出來，成了一本本的經典。要想接近神、聽

懂神諭，就要背經典！

　　經典的意義重大、地位崇高，但可悲的是，近年來傳統經典已逐漸被主流廢棄，現在幾乎人人都不會背經典，也不會要求人人都要背經典了，非常可惜。經典是中華智慧得以傳承最基本的憑依，世代背誦經典、口耳相傳，我們的文明才得以承先啟後。隨著經典式微，彷彿文明就要斷在這一代人的手中了！

　　經典需要被更多人看見，才有傳承的機會，這就是為什麼我要在這裡講解易、解釋〈說卦傳〉。但事實上，無論我講解得再明白、詳細，其實也不及聖人在經典裡所表達的萬分之一，畢竟，聖人的境界豈是輕易能達到的呢？要知道，每個講解易的人都有自己的解讀法，同時也是用個人主觀的言語來表達，何況語言本身就具有局限性，說到最後，人的言辭用在易的世界，彷彿永遠辭不達意！

　　經典包羅萬象，每一句話都能視為一個整體，而唯有「背誦」，反覆地讀和記憶，才是真正能深入經典的方法。就算乍看之下仍無法理解，還是得沉住氣先背下來，背誦的過程就是「入心」的過程，哪日得遇明師指點，學法術時就能一點就通。經典全是要背來「用」的，現在的苦記、硬背都是蹲馬步般重要的基本功，穩定了基礎、積攢了功底，等之後成為入門弟子，接觸了密傳之法，靠背誦長期積累的「入心之學」，就會是完美的鋪墊。

背，好像是在為了遇到一位高明的老師在作準備。那麼，有人可能一輩子都遇不到明師，這樣一來，背這麼多又有何用呢？現在你可能會感慨明師難求，所以選擇不背，但一切都是賭一個「萬一」，萬一某日你真正遇到明師，從那時才開始背，就為時已晚了！做一個「基本功足」的弟子，抓住得明師教導的機會，才有精進的可能。

　　相信各位讀者一定對易有著基本的興趣與好奇心，才會翻開本書，結下這上萬字的緣分。在本書的結尾，如果你仍不改初衷，對易有愈發濃烈的熱情，或是身邊的親友、晚輩對中華文化的各種經典感興趣，請務必抱持支持與鼓勵的態度，樂見其成，並務必以正確的方法——背，將《易經》、《易傳》、《孝經》等經典奉持於心，仔細地讀，透過這些聖人的言語來一磚一瓦地建構出心中的智慧天地。

筆記 NOTES

筆記 NOTES

筆記 NOTES

筆記 NOTES

235

明公啟示錄：范明公易經開講 ①

——從孔子《易傳》到人生哲學與智慧

作者／范明公
主編／初八
出版贊助／劉莉
文字編輯／周瑾臻
執行編輯／李寶怡
封面及版型設計／廖又頤
美術編輯／廖又頤
企畫選書人／賈俊國

總編輯／賈俊國
副總編輯／蘇士尹
編輯／高懿秋
行銷企畫／張莉滎、蕭羽猜、黃欣

發　　行　　人／何飛鵬
法　律　顧　問／元禾法律事務所王子文律師
出　　　　　版／布克文化出版事業部
　　　　　　　　台北市中山區民生東路二段 141 號 8 樓
　　　　　　　　電話：(02)2500-7008　傳真：(02)2502-7676
　　　　　　　　Email：sbooker.service@cite.com.tw
發　　　　　行／英屬蓋曼群島商家庭傳媒股份有限公司城邦分公司
　　　　　　　　台北市中山區民生東路二段 141 號 2 樓
　　　　　　　　書虫客服服務專線：(02)2500-7718；2500-7719
　　　　　　　　24 小時傳真專線：(02)2500-1990；2500-1991
　　　　　　　　劃撥帳號：19863813；戶名：書虫股份有限公司
　　　　　　　　讀者服務信箱：service@readingclub.com.tw
香港發行所／　城邦(香港)出版集團有限公司
　　　　　　　　香港灣仔駱克道 193 號東超商業中心 1 樓
　　　　　　　　電話：+852-2508-6231　　傳真：+852-2578-9337
　　　　　　　　Email：hkcite@biznetvigator.com
馬新發行所／　城邦(馬新)出版集團 Cité (M) Sdn. Bhd.
　　　　　　　　41, Jalan Radin Anum, Bandar Baru Sri Petaling,
　　　　　　　　57000 Kuala Lumpur, Malaysia
　　　　　　　　電話：+603- 9057-8822　　傳真：+603- 9057-6622
　　　　　　　　Email：cite@cite.com.my
印　　　　刷／韋懋實業有限公司
初　　　　版／2021 年 6 月
定　　　　價／新台幣 300 元
ISBN ／ 978-986-5568-91-7
EISBN ／ 978-986-5568-99-3（EPUB）

城邦讀書花園　布克文化
www.cite.com.tw　www.SBOOKER.COM.TW